Cuisine tendance

AFRIQUE

DU
MAROC
À L'AFRIQUE
DU SUD

Impressum
Tous droits réservés, y compris pour toute reproduction imprimée ou électronique, également sous forme d'extraits.
© Editions CUISINE DE SAISON, Zurich

1re édition 2003

Editeur: Editions CUISINE DE SAISON
Direction du projet: Ingrid Schindler, Flavia Zarro Grunder
Conception: Ingrid Schindler, Felix Häfliger, Flavia Zarro Grunder
Recettes et textes: Felix Häfliger
Conception graphique: Nadia Lattmann
Layout: Nadia Lattmann, René Schleuniger, Dino Caracciolo
Photos/stylisme: Studio photo Grünert: Ruth Küng
Assistant photo: Michael Fehr
Cuisine-studio: Felix Häfliger
Rédaction photo (photos d'agence): Nicole Spiess
Crédits photographiques: p. 6/7: Bildagentur Huber / Lawrence, Bildagentur Huber / R. Schmid; p. 8/9: Look / Michael Martin, Friedrich Stark / DAS FOTOARCHIV; p. 10/11: Bildagentur Huber / Saffo, Bildagentur Huber / Ripani; p. 56/57: Bildagentur Huber, Friedrich Stark / DAS FOTOARCHIV; p. 78/79: Prisma / Frank Lukasseck, Bildagentur Huber / Gräfenhain; p.100/101: Bildagentur Huber / Gräfenhain, Wolfgang Schmidt / DAS FOTOARCHIV
Traduction: Isabelle Bischof-Laurans
Lithographie: Limmatdruck SA
Impression: print media corporation, Oetwil am See
Imprimé sur papier blanchi sans chlore

Points de vente:
Editions CUISINE DE SAISON, case postale, 8957 Spreitenbach, magasins Migros sélectionnés ou librairies

L'élaboration de ce livre a fait l'objet d'un soin particulier. Toutefois, les indications y sont fournies sous toutes réserves. Ni les auteurs, ni l'éditeur ne peuvent être tenus responsables d'éventuelles erreurs ou dommages résultant des conseils pratiques contenus dans ce livre.

ISBN 3-9522620-4-8

Bonne arrivée l'Afrique!

Chère lectrice, cher lecteur,
Etendez vos horizons gastronomiques! Suivez-nous dans notre périple culinaire en Afrique. A l'écart des voies culinaires toutes tracées, cet immense continent cache des trésors à sa mesure. Des plats étonnants aux ingrédients tout simples et de merveilleuses épices n'attendent que vous. Emboîtez-nous donc le pas, du Maroc à l'Afrique du Sud en passant par le Sénégal, le Kenya, Zanzibar et la Namibie!

Il est naturellement difficile de donner une image complète de la cuisine d'un si vaste continent comptant plus de cinquante Etats et 800 millions d'habitants, c'est pourquoi nous vous présentons ici une sélection de recettes de différentes régions, faciles à cuisiner et se complétant de façon étonnante.

Nous commençons par la cuisine arabe du Nord, puis dans un second chapitre, nous entamons un safari vous faisant traverser différents pays. Dans la troisième partie, nous évoquons la cuisine de l'Afrique noire, encore méconnue. Pour compléter le tout, nous vous emmenons en Afrique du Sud dont la culture culinaire a été fortement influencée par les nombreux immigrants installés dans le pays.

Pour vous lancer, il vous suffit de très peu: une poignée d'épices, quelques légumes, de la viande ou du poisson. Et vous voici déjà dans un monde de saveurs culinaires inconnues. Nous avons adapté nos recettes à la sensibilité gastronomique de nos latitudes et leur avons laissé un vaste éventail d'interprétations. Elles ne présentent aucune difficulté pour les débutants, mais sont pourtant tout à fait raffinées. Pratiquement tous les ingrédients employés se trouvent sans problème dans le commerce, car nous avons volontairement renoncé aux produits trop rares.

Venez donc goûter à la riche cuisine africaine!

Nous vous souhaitons de prendre beaucoup de plaisir à cuisiner africain et un bon appétit ou plutôt *karibu chakula* comme on le dit en swahili.

Votre CUISINE DE SAISON

Sommaire

LA CUISINE ARABE DU NORD

13	La fête des sens
14	Glossaire
16	**Houmous,** Purée de pois chiches et sésame
18	**Zaalouk,** Caviar d'aubergines
20	**Cigares savoureux «Ouarka»,** Roulés épicés farcis au poulet
22	**Briks au thon**
24	**Falafel,** Boulettes aux pois chiches
26	**Taboulé,** Salade au boulgour
28	**Naranshi «Casablanca»,** Salade d'oranges au fenouil
30	**Mechouia,** Salade de poivrons et tomates
32	**Tajine au poisson**
34	**Couscous au poisson**
36	**Couscous aux crevettes** et aux asperges vertes
38	**Tajine au poulet** et aux poires
40	**Coquelets à l'algérienne**
42	**Canard du Nil «Mamounia»,** Magrets de canard et riz aux raisins secs et aux amandes
44	**Chiche kebab,** Brochettes de viande et de légumes
46	**Kefta,** Boulettes de viande hachée sur lit de sauce tomate
48	**Tajine aux légumes**
50	**Mousse à la menthe**
52	**Pot-pourri aux fruits**
54	**Couscous seffa,** Semoule de couscous sucrée avec raisins secs et cannelle

LA CUISINE EN SAFARI

59	Invitation dans les espaces infinis
60	Glossaire
62	**Ekundu saladi,** Salade de betteraves et carottes
64	**Grilled fish,** Poisson entier grillé
66	**Mango chicken,** Poitrine de poulet, sauce à la mangue
68	**Lamb «Hunter's Joy»,** Gigot d'agneau aux fruits séchés
70	**Selle de gibier «Ombudja»** en croûte poivrée
72	**Irio,** Purée de petits pois, maïs et pommes de terre
74	**Fried vegetable balls,** Boulettes aux légumes
76	**Banana peaks,** Bananes et sauce à l'orange

Sommaire

LA CUISINE AFRICAINE MÉCONNUE

81	Un voyage de découvertes culinaires
82	Glossaire
84	Salade «Côte-d'Ivoire» à l'ananas et au melon
86	Soupe de haricots «Zanzibar»
88	Crevettes à la mode de Dakar à la sauce à l'ail
90	Tiéboudienne, Roulés de poisson et riz à la tomate
92	Yassa au poulet
94	Morogo, Légumes-feuilles et cacahuètes
96	Plantain fritters, Galettes de bananes plantains
98	Crème au citron vert «Madagascar» sur lit d'ananas

LA CUISINE DU CAP

- **103** La joie de vivre sud-africaine
- **104** Glossaire
- **106** Chips'n'lime, Chips de patate douce et sauce au citron vert
- **108** Mango salad «Port Elizabeth», Salade de mangue et de concombre
- **110** Braai 1: Seasoning, Marinades pour grillades et sauce barbecue
- **112** Braai 2: Sosaties, Brochettes d'agneau aux abricots
- **114** Braai 3: Coleslaw, Salade de chou
- **116** Braai 4: Sweet potatoes, Patates douces au gril et au four
- **118** Tomato chambo, Filets de poisson en sauce tomate
- **120** Peanut chicken, yellow rice, Pintade en sauce à l'arachide et riz jaune
- **122** Bobotie, Gratin de viande hachée aux raisins secs
- **124** Denningvleis, Agneau à la malaise
- **126** Kosta, Légumes-feuilles et poireaux
- **128** Derere, Gombos
- **130** Garri and beans, Boulgour et haricots blancs
- **132** Mealie pap and spinach, Pâte de maïs et épinards
- **134** Pumpkin peanut mash, Purée de courge et de cacahuètes
- **136** Cape fruit whip, Crème à la muscade et fruits

- **138** Index par mots-clés

La cuisine arabe du Nord
La fête des sens

La fête des sens

On appelle Maghreb l'ouest de l'Afrique du Nord: le Maroc et ses joyaux, Fès, Marrakech et Casablanca, l'Algérie et Djemila la pittoresque, et la Tunisie avec Hammamet la blanche et Sidi Bou-Saïd. Ces noms ont la magie de la culture orientale et évoquent des souvenirs de vacances: les bazars hauts en couleur et les souks bruyants, les tourelles de biscuits et les montagnes de brochettes de viande à l'arôme ensorcelant.

L'Egypte, au nord-est de l'Afrique, fait partie des pays du Machrek, les Etats arabes de l'Est. Outre les pyramides des pharaons, l'Egypte recèle également nombre de trésors culinaires.

Un choix abondant
La mer n'offre pas simplement de superbes plages ensoleillées, mais également un vaste choix de poissons et de fruits de mer qui sont des sources importantes de protéines dans les régions côtières. En montagne, on élève surtout des moutons. Les dattiers, les amandiers, les oliviers, les légumes, les raisins et les fruits que l'on y cultive sont autant d'ingrédients produisant une cuisine variée.

Tajines et couscous
La plupart des cuisines d'Afrique du Nord ont été fortement influencées par le Moyen-Orient. C'est ainsi que les entrées généreuses – les *mezze* – sont originaires du Liban et de la Turquie. Aux *mezze* succèdent les salades rafraîchissantes, puis les plats braisés, les tajines, les brochettes d'agneau ou encore les boulettes de viande. En Afrique du Nord, le plat national est sans conteste le couscous dont la préparation traditionnelle est très longue, mais qui, aujourd'hui, peut se cuisiner beaucoup plus rapidement.

La symphonie des arômes
La cuisine nord-africaine est une véritable fête des sens même si ses recettes sont faciles à faire et ne demandent pas de rester des heures en cuisine. Il suffit de quelques épices pour transformer des ingrédients modestes en véritables délicatesses orientales. Le cumin, la muscade, la cannelle et le safran, encore et toujours, parfument les plats auxquels on donne la touche finale avec du persil frais, de la coriandre et de la menthe. Toutes ces délices sont servies sur des tables basses. Au Maroc, le tajine est présenté dans son plat de cuisson, une cocotte en terre surmontée d'un couvercle conique. On mange avec les doigts à l'aide de galettes de pain qui servent à la fois de couverts et d'assiette.

Un final opulent
Un repas arabo-oriental est couronné par un vaste choix de desserts plus délicieux les uns que les autres. Nous avons adapté ici quelques recettes qui sont un peu moins sucrées et donnent moins de travail que les originales.

Thé ou café?
Le repas s'accompagne d'eau ou de jus de fruits et parfois de bière et de vin. Le point final du repas est marqué par le fameux thé à la menthe, servi sucré et brûlant, ou par un café turc bien fort.

Hospitalité et générosité
En Afrique du Nord, l'hospitalité n'est pas un vain mot, comme le confirme le proverbe arabe: «Quand il y en a pour un, il y en a pour deux, et quand il y en a pour deux, il y en a pour trois.»

Les recettes suivantes ont été prévues pour quatre portions, mais en combinant différents plats, vous pouvez étendre votre sens de l'hospitalité à six personnes!

Harissa

Tajine

Pois chiches

Graine de couscous, boulgour
Autrefois, la graine de couscous (photo: premier plan et au centre), composée d'un mélange de semoule et de farine de blé, était cuite six ou sept fois à la vapeur du bouillon. Aujourd'hui, la graine se vend précuite, il suffit de l'ébouillanter et de lui laisser absorber le liquide en quelques minutes. On en trouve diverses qualités: fine, moyenne et grosse. Pour la recette de base, reportez-vous à la page 34.

Le boulgour (photo: arrière-plan) est fait de blé concassé que l'on emploie, entre autre, pour le taboulé (page 26).

Harissa
Pâte composée de piment, ail, épices et sel. Mélangé avec de l'oignon fraîchement haché, du persil et de l'huile d'olive, ce fameux condiment tunisien est servi avec de nombreux plats. Au Maroc, on appelle *sahka* une pâte très similaire, aussi populaire que la fameuse harissa, et dont la saveur est tout aussi «enragée».

Menthe poivrée
Appelée *naa-naa* au Maroc, la menthe aux feuilles vert foncé est l'ingrédient indispensable à la boisson nationale, le fameux thé à la menthe. On la retrouve également dans de nombreuses salades, les tajines et les desserts.

Pâte filo, pâte à strudel
Cette pâte extrêmement fine composée de farine et d'eau est employée aussi bien comme enveloppe de farces que pour les gâteaux. On trouve la pâte filo dans les épiceries arabes sous forme de feuilles rondes. On peut la remplacer par de la pâte à strudel. Faite de farine, d'huile et d'eau, celle-ci est vendue sous forme de feuilles rectangulaires très fines.

Pois chiches
Ces légumineuses au goût neutre, évoquant la noisette, sont très présentes dans la cuisine orientale, le plus souvent sous forme de purée. Les pois chiches secs doivent être mis à tremper au préalable. On trouve également des pois chiches cuits, en conserve.

âte filo, pâte à strudel

Graine de couscous, boulgour

Safran en filaments et en poudre

Raisins secs sultanine
Les grains séchés de diverses variétés de raisins, sans pépins, peuvent être blonds ou sombres.

Safran en filaments et en poudre
L'épice la plus chère du monde est composée des stigmates d'une variété de crocus, cueillis à la main. Son arôme épicé et doux-amer donne au poisson, à la volaille et aux desserts une note raffinée ainsi qu'une couleur jaune intense. On le rencontre partout dans la cuisine nord-africaine. Le curcuma (page 104) peut remplacer le safran pour la couleur, mais pas pour la saveur.

Sésame
Ces petites graines d'une plante oléagineuse possèdent un arôme délicat de noisette qui s'intensifie lorsqu'on les grille. On trouve également du sésame en pâte (*tahina*, page 16) dans le commerce.

Tajine
Typique de la cuisine marocaine, le tajine est une braisière ronde en terre, coiffée d'un couvercle conique que l'on pose sur le feu de bois. On peut le remplacer par une braisière en fonte, une marmite réfractaire ou, selon la recette, un plat à gratin, voire une cocotte en terre.
Le tajine est directement posé sur la table et les invités y mangent en commun en se servant avec les doigts.

Tout-épice
Ses grains ronds épicés possèdent un arôme évoquant les clous de girofle, la muscade et la cannelle ainsi qu'un léger piquant poivré. Le tout-épice, également appelé piment de la Jamaïque ou poivre giroflé, est employé aussi bien pour les plats salés que sucrés. C'est l'un des composants du *berberé*, un mélange d'épices éthiopien.

Houmous
Purée de pois chiches et sésame

TUNISIE

4-6 portions
comme collation ou à l'apéritif

125 g de pois chiches secs
1 échalote, hachée
1 gousse d'ail, pressée
½ cs d'huile d'olive
30 g de pâte de sésame (tahina)
½ cc de sel
poivre noir du moulin
½ citron, jus
2 cs de yogourt nature

Présentation

2 cs d'huile d'olive
1 cs de persil plat, haché
4 olives noires, hachées
paprika

1 La veille, faire tremper les pois chiches dans env. 0,5 litre d'eau froide durant toute la nuit (12 heures).

2 Le jour même, égoutter les pois chiches en recueillant l'eau de trempage. Faire suer l'échalote et l'ail dans l'huile très chaude. Ajouter les pois chiches et les laisser revenir brièvement. Mouiller avec le liquide de trempage, porter à ébullition, couvrir et laisser cuire à feu doux, jusqu'à tendreté, pendant env. 1 h 30.

3 Egoutter les pois chiches en recueillant l'eau de cuisson. Les mixer avec le reste des ingrédients jusqu'à obtention d'une purée fine. Si la masse se raffermit trop, y ajouter 2-3 cuill. à soupe d'eau de cuisson.

4 Dresser l'houmous dans un petit saladier, former un creux au centre et le remplir d'huile d'olive. Parsemer de persil et d'olives et saupoudrer de paprika.

Servir avec du caviar d'aubergine (page 18) et des galettes de pain.

SUGGESTION
La préparation est plus rapide si vous employez des pois chiches en boîte (poids égoutté 250 g). Faites alors revenir l'échalote et l'ail, puis mixez-les avec les pois chiches et le reste des ingrédients. Allongez éventuellement avec un peu de liquide de la boîte.
Vous trouverez la pâte de sésame dans les épiceries asiatiques ou arabes. A défaut, vous pouvez aromatiser la purée avec 1 cuill. à café d'huile de sésame (à base de graines de sésame grillées).

Zaalouk
Caviar d'aubergines

TUNISIE

4-6 portions
comme collation ou à l'apéritif

3 grosses aubergines (1 kg)
1 cc de cumin en poudre
½-1 gousse d'ail, pressée
3 cs d'huile d'olive
½ citron, jus
sel
poivre noir du moulin
un peu de coriandre fraîche

1 Préchauffer le four à 180 °C. Trancher le pédoncule des aubergines. Faire cuire les aubergines pendant 1 heure sur une plaque au milieu du four. Laisser refroidir.

2 Couper les aubergines en deux et prélever la pulpe avec une cuillère. Y ajouter le cumin, l'ail et l'huile d'olive et mélanger soigneusement le tout à la fourchette. Assaisonner avec jus de citron, sel et poivre.

3 Dresser dans un petit saladier et parsemer de feuilles de coriandre.

Servir avec de l'houmous (page 16) et des galettes de pain.

SUGGESTION
La consistance du caviar sera un peu plus fine si vous le mixez. Un plat typique des *mezze* (entrées, bouchées) de la cuisine tunisienne qui a subi des influences turques. On peut préparer de la même façon du caviar de courgettes, de poivrons et de tomates (le tout cuit au four).

Cigares savoureux «Ouarka»
Roulés épicés farcis au poulet

MAROC

24 roulés
4-8 portions en entrée

300 g de poitrine de poulet

2 cs d'huile d'olive

200 g de pommes de terre riches en amidon

2 échalotes, hachées

1 cs de gingembre frais, râpé

2 cs de persil plat, haché

1 cs de sucre glace

¼ de cc de curcuma en poudre

2 cc de cannelle en poudre

poivre noir du moulin

2 dl de bouillon de poule

sel

3 œufs

4 feuilles de pâte filo ou à strudel, 40 x 40 cm

huile d'arachide pour la friture

1 citron, en quartiers

1 Saisir la poitrine de poulet durant 5-6 minutes sur chaque face dans l'huile moyennement chaude, sans laisser prendre couleur. Réserver.

2 Eplucher les pommes de terre, les couper en dés de 0,5 cm et les faire dorer dans le même faitout. Ajouter les échalotes, le gingembre, le persil et le sucre glace. Faire revenir brièvement. Parfumer avec le curcuma, la cannelle et le poivre. Mouiller au bouillon et laisser réduire.

3 Couper la poitrine de poulet d'abord en fines tranches, puis en menus dés. Les ajouter aux pommes de terre et bien mélanger le tout. Tout le liquide doit être pratiquement évaporé. Saler. Casser un œuf en séparant le jaune du blanc et réserver celui-ci. Battre le jaune avec les autres œufs, puis ajouter à la préparation poulet-pommes de terre légèrement refroidie.

4 Etaler les feuilles de pâte une par une. Les partager en 6 rectangles d'env. 13 x 20 cm, les empiler, puis les recouvrir de film alimentaire. Garnir les feuilles les unes après les autres: badigeonner le pourtour de blanc d'œuf, déposer 1 cuill. à soupe de farce sur le côté le plus étroit. Rabattre légèrement les bords sur la garniture et enrouler en forme de cigare d'env. 10 cm de longueur et 2 cm d'épaisseur. Poser sur une feuille de papier sulfurisé et procéder de même avec le reste des feuilles.

5 Faire dorer les roulés par portions dans une grande quantité d'huile, à la poêle, à feu moyen (ou à la friteuse à 180 °C). Les égoutter sur du papier absorbant et les servir avec des quartiers de citron.

SUGGESTION
Les feuilles de pâte, très délicates, doivent être travaillées rapidement sinon elles se dessèchent. Dans la recette originale, ces cigares (*ouarka* en arabe) sont faits avec de la pâte filo. Vous pouvez très bien les congeler (non frits).

Briks au thon

TUNISIE

18 briks comme collation ou entrée pour 4-6 personnes

1 boîte de thon à l'huile (poids égoutté 155 g)
6 olives noires dénoyautées (20 g)
1 échalote, hachée
3 cs de persil plat, haché
1 cs d'huile d'olive
½ cc de harissa (facultatif)
sel
poivre noir du moulin
½ citron, jus
1 œuf
4 feuilles de pâte filo ou à strudel, 40 x 40 cm
1 cs de beurre, fondu
1 citron, en quartiers

1 Egoutter le thon et l'écraser finement à la fourchette. Tailler les olives en menus dés.

2 Faire revenir l'échalote, le persil et les olives dans l'huile très chaude. Assaisonner selon ses goûts avec de la harissa ou du sel et du poivre. Retirer du feu, puis y ajouter le thon et le jus de citron. Bien mélanger le tout et laisser refroidir.

3 Préchauffer le four à 180 °C. Battre l'œuf et le mélanger à la farce au thon.

4 Etaler les feuilles de pâte, couper chacune en 9 carrés d'env. 13 x 13 cm. Les empiler et les couvrir de film alimentaire afin qu'ils ne sèchent pas. Badigeonner un carré de pâte de beurre, poser dessus un autre carré à 45° et le beurrer également. Déposer 1 cuill. à soupe de farce au thon au centre. Placer le carré au creux de la main en réunissant les bords et de l'autre main presser délicatement, mais fermement (la bourse ainsi formée ne doit pas être hermétiquement fermée). Poser sur une plaque chemisée de papier de cuisson, puis continuer ainsi avec les carrés de pâte restants. Remuer la farce au thon de temps en temps. Laisser les briks légèrement sécher.

5 Faire dorer les briks durant 4-5 minutes au four, puis les laisser légèrement tiédir.

Servir avec de la harissa et du citron.

SUGGESTION
Les feuilles de pâte sèchent rapidement et doivent donc être travaillées aussi rapidement que possible. A cause de leur forme délicate, il n'est pas recommandé de congeler les briks.

Falafel
Boulettes aux pois chiches

ÉGYPTE

4 portions comme snack ou collation

150 g de pois chiches secs
¼ de cc de cumin
1 cs de persil plat, haché
1 cs de coriandre fraîche, hachée
1 cs d'aneth, haché
2 gousses d'ail, pressées
1 oignon nouveau avec ses feuilles, haché
¼ de cc de piment en poudre
¼ de cc de poivre noir du moulin
1 cc de sel

graines de sésame (facultatif)

1-2 litres d'huile de friture

1 La veille, faire tremper les pois chiches et le cumin dans env. 0,5 litre d'eau pendant toute la nuit (12 heures).

2 Le jour même, égoutter les pois chiches en recueillant un peu de leur eau de trempage. Les mixer finement avec le cumin.

3 Ajouter le reste des ingrédients (avec un peu d'eau de trempage si nécessaire) et mixer de nouveau le tout jusqu'à obtention d'une pâte épaisse. Couvrir et laisser reposer durant 30 minutes.

4 Avec la pâte, former 20-24 boulettes d'env. 3 cm de diamètre. Les passer éventuellement dans les graines de sésame. Les faire dorer env. 4 minutes dans l'huile chauffée à 180 °C. Les égoutter sur du papier absorbant.

Les servir éventuellement avec des crudités et une sauce tomate épicée dans des pains pita.

SUGGESTION
Les pois chiches cuits en boîte ont perdu leur liant et retombent à la cuisson!
On peut également préparer cette pâte sous forme de galette cuite à la poêle et accompagnée d'une salade. Originaires du Moyen-Orient, les falafels ont su parfaitement s'intégrer à la cuisine égyptienne.

Taboulé
Salade au boulgour

ALGÉRIE

4-6 portions comme entrée ou accompagnement

4 dl d'eau

1 cube de bouillon de légumes

250 g de boulgour (blé grossièrement concassé)

1 concombre à salade (250 g)

sel

2 tomates

2 branches de céleri

1 poivron vert

½ citron, jus

3 cs d'huile d'olive

1 échalote, hachée

1 cs de persil plat, haché

1 cs de menthe, hachée

1 cs de coriandre fraîche, hachée

sel

poivre noir du moulin

1 Porter l'eau à ébullition avec le cube de bouillon. En arroser le boulgour et mélanger. Couvrir de film alimentaire et laisser gonfler. Laisser refroidir.

2 Eplucher le concombre, le couper en deux dans la longueur, l'épépiner, puis le tailler en dés. Le mélanger avec un peu de sel, puis le laisser dégorger 30 minutes dans une passoire. Inciser les tomates en croix, les ébouillanter jusqu'à ce que la peau commence à se décoller. Les rafraîchir sous l'eau froide, les peler, les épépiner et les couper en dés. Tailler le céleri et le poivron en menus dés.

3 Tourner le jus de citron et l'huile d'olive et mélanger avec tous les ingrédients. Saler et poivrer généreusement. Laisser macérer au réfrigérateur, puis servir bien frais.

SUGGESTION
Une salade délicieusement fraîche qui se sert en entrée ou comme collation. Selon les régions, on y ajoute une quantité de persil plus ou moins généreuse.
Variante: ajoutez du thon en boîte émietté ou de petites crevettes cuites. On trouve également du taboulé tout prêt.

Naranshi «Casablanca»
Salade d'oranges au fenouil

4 portions comme accompagnement

3 oranges
1 petit bulbe de fenouil (100 g)
2 échalotes
6 olives noires dénoyautées (20 g)

Sauce

1/2 citron, jus
1/2 cc de sucre de canne
sel
poivre noir du moulin
1 cc d'eau de fleurs d'oranger (5 ml, pour 0,25 litre de liquide)
2 cs d'huile d'olive
un peu de piment en poudre

1 Avec un couteau tranchant, éplucher les oranges à vif, en retirant également la fine membrane blanche. Les couper transversalement en rondelles d'env. 0,5 cm. Etaler celles-ci sur un plat. Hacher fin les parties tendres du fenouil, comme un oignon, et en parsemer les oranges. Couper finement les échalotes, tailler les olives en lanières et répartir le tout sur les oranges.

2 Mélanger les ingrédients de la sauce avec le jus de la chair des oranges adhérant encore à l'écorce. En napper la salade et la laisser macérer un moment en l'arrosant de temps en temps avec la sauce.

SUGGESTION
L'eau de fleurs d'oranger n'est pas réservée aux desserts dans la cuisine nord-africaine, elle parfume également les tajines (page 38) et les salades. La tradition veut que l'on se rince les mains avant et après les repas dans de l'eau parfumée à la fleur d'oranger ou à l'eau de rose.

Mechouia
Salade de poivrons et tomates

MAROC

4 portions comme accompagnement

2 poivrons verts
4 tomates
½ citron, zeste et jus
1 cs de persil plat, haché

Sauce
sel
poivre noir du moulin
¼ de cc de cumin en poudre
½ gousse d'ail, pressée
2 cs d'huile d'olive

1 Peler les poivrons entiers avec un couteau économe, puis les couper en quatre. Retirer la peau qui n'a pas pu être enlevée avec un couteau de cuisine tranchant. Oter les graines et les cloisons blanches. Tailler les poivrons en menus dés.

2 Inciser les tomates en croix, les ébouillanter jusqu'à ce que la peau commence à se décoller. Les rafraîchir sous l'eau froide, les peler, les épépiner et les couper en dés.

3 Prélever un morceau de zeste de citron de la longueur d'un doigt. Le tailler en fines lanières, puis mélanger avec les poivrons, les tomates et le persil.

4 Pour la sauce, exprimer le jus du citron, le tourner avec le reste des ingrédients et mélanger le tout aux légumes.

SUGGESTION
Les poivrons s'épluchent très bien au couteau économe pourvu qu'ils soient arrondis et peu courbés.
Dans la recette originale, les poivrons sont d'abord grillés au four, puis pelés.

Tajine au poisson

MAROC

4 portions comme plat principal

50 g de tomates séchées
2 dl d'eau
½ boîte de filaments de safran (175 mg)
2 cs d'huile d'olive
700 g env. de pommes de terre, restant fermes à la cuisson
sel
poivre noir du moulin
4 grosses tomates (500 g)
2 gousses d'ail
1 bulbe de fenouil (200 g)
100 g d'olives vertes dénoyautées
4 darnes de 150 g de merlu, de cabillaud ou de saumon
½ cc de cumin en poudre
½ cs de gingembre frais, râpé
½ citron, jus
2 cs d'huile d'olive

1 Tailler les tomates séchées en larges lanières. Porter l'eau et le safran à ébullition, en arroser les tomates et laisser reposer 10 minutes à couvert. Préchauffer le four à 180 °C.

2 Verser l'huile dans une braisière en fonte (ou dans une poêle réfractaire avec couvercle). Eplucher les pommes de terre et les couper en rondelles de 1 cm. Couvrir le fond de la braisière d'une couche de pommes de terre, saler et poivrer. Couper les tomates en rondelles (en réserver quatre). Débiter l'ail en fines tranches, puis les répartir sur les pommes de terre ainsi que les tomates. Saler et poivrer. Tailler le fenouil en lanières, les ajouter au plat avec les tomates séchées et arroser de liquide de trempage. Couvrir et laisser braiser durant 30-40 minutes au milieu du four.

3 Couper les olives en deux. En parsemer les légumes. Y déposer les darnes de poisson assaisonnées de sel, poivre, cumin et gingembre. Couvrir avec les rondelles de tomate réservées, puis arroser avec le jus de citron et l'huile d'olive. Remettre au four, à découvert, pendant 15-20 minutes.

Servir avec des galettes de pain, de la semoule de couscous (suggestion page 34) ou du riz.

SUGGESTION
Le fenouil peut être remplacé par des carottes ou du céleri-branche. Pour préparer un plat plus consistant, ajoutez 250 g de pois chiches cuits sur les pommes de terre.

Couscous au poisson

MAROC

4-6 portions comme plat principal

200 g de carottes

100 g de céleri-branche

2 oignons nouveaux

1 cs d'huile d'olive

1 piment rouge

1 feuille de laurier

1 clou de girofle

½ boîte de filaments de safran (175 mg)

3 cs de fumet de poisson (45 ml), concentré, par ex. «Maître Nicolas»

7,5 dl d'eau

2 tomates

1 poivron jaune

260 g de semoule de couscous moyenne, «prête en 5 minutes»

800 g de dos de merlu blanc ou de filets de pangasius

sel

poivre noir du moulin

½ cs d'huile d'olive

12 olives noires dénoyautées (40 g)

2 cs de persil plat, haché

2 cs de coriandre fraîche, hachée

2 cs de beurre

1 citron, jus

1 Eplucher les carottes, les couper en quatre dans la longueur, puis en morceaux de 1 cm. Tailler le céleri et les oignons avec leurs feuilles en morceaux de même taille. Chauffer l'huile dans une casserole de taille moyenne et y faire brièvement revenir le piment entier, le laurier et le clou de girofle. Y ajouter les légumes coupés et faire étuver durant env. 5 minutes à feu doux.

2 Ajouter le safran, le fumet de poisson et l'eau, porter à ébullition, couvrir et laisser mijoter env. 15 minutes jusqu'à ce que les légumes soient juste cuits.

3 Entre-temps, inciser les tomates en croix, les ébouillanter jusqu'à ce que la peau commence à se décoller. Les rafraîchir sous l'eau froide, les peler, les épépiner et les couper en dés. Tailler le poivron en fines lanières.

4 Egoutter les légumes en recueillant l'eau de cuisson. En mesurer 5 dl, en arroser aussitôt la semoule de couscous, couvrir et laisser gonfler au moins 5 minutes.

5 Retirer le piment, le laurier et le clou de girofle. Remettre les légumes et le reste du liquide (env. 1 dl) dans la casserole. Saler et poivrer les filets de poisson. Les déposer sur les légumes, couvrir et les laisser cuire env. 10 minutes à feu doux. Les retourner une fois en cours de cuisson.

6 Entre-temps, faire revenir le poivron dans l'huile très chaude jusqu'à ce qu'il prenne légèrement couleur. Retirer la casserole du feu et y mélanger les dés de tomate. Saler et poivrer.

7 Hacher fin les olives, les faire brièvement revenir dans le beurre chaud avec le persil et la coriandre. Mélanger avec la semoule de couscous, réchauffer le tout et dresser sur le plat de service. Poser à côté les filets de poisson et les garnir de poivron et de tomates. Arroser de jus de citron, puis répartir les légumes tout autour avec le reste de jus de cuisson.

SUGGESTION
Recette de base de la semoule de couscous pour 4 personnes: mettre 260 g de semoule moyenne («prête en 5 minutes») dans une jatte, l'arroser de 5 dl de liquide chaud (bouillon de légumes, de poule ou eau), couvrir de film alimentaire et laisser gonfler 5 minutes. Faire fondre 2 cuill. à soupe de beurre et incorporer.

Couscous aux crevettes
et aux asperges vertes

MAROC

4 portions comme plat principal

1 kg d'asperges vertes
12 grandes crevettes crues, étêtées (500 g)
2 litres d'eau
2 cc de sel
1 cc de sucre
1 cs de beurre
½ bouquet de coriandre fraîche
sel
poivre noir du moulin
260 g de semoule de couscous moyenne, «prête en 5 minutes»
2 cs de beurre
1 gousse d'ail, pressée
2 cs de coriandre fraîche, hachée
1 cs d'huile d'olive

Facultatif
1 cs de harissa
huile d'olive

1 Laver les asperges et éplucher le tiers inférieur. Trancher l'extrémité du pied et réserver les épluchures et les chutes. Couper le quart inférieur en menus morceaux et les réserver. Envelopper la pointe des asperges dans un linge humide. Décortiquer les crevettes jusqu'au dernier segment (avec la nageoire caudale). Eliminer le boyau intestinal (fil noir) sous l'eau courante froide. Eponger les queues de crevette et les fendre en deux sans les séparer complètement.

2 Porter l'eau à ébullition avec le sel, le sucre et le beurre. Y ajouter les épluchures et les chutes d'asperge et laisser bouillir à gros bouillons pendant 1 minute. Retirer les épluchures et les chutes d'asperge, puis y faire cuire les petits morceaux d'asperge et la coriandre pendant env. 25 minutes jusqu'à ce qu'ils soient très tendres. Mixer les asperges et la coriandre avec un peu de liquide. Saler, poivrer et réserver au chaud.

3 Verser 5 dl de liquide de cuisson dans une petite casserole, porter à ébullition et en arroser la semoule de couscous. Couvrir et laisser gonfler au moins 5 minutes. Faire cuire les pointes d'asperge pendant 5-8 minutes dans le liquide restant, en les gardant croquantes.

4 Faire fondre le beurre, y faire revenir l'ail et la coriandre. Ajouter la semoule, mélanger, rectifier l'assaisonnement et laisser réchauffer brièvement à couvert et à feu doux.

5 Faire rapidement sauter les crevettes dans l'huile chaude jusqu'à ce qu'elles prennent une couleur orangée. Dresser la semoule avec les pointes d'asperge, déposer les crevettes dessus et servir avec la purée d'asperges.

Si vous aimez les saveurs épicées, mélangez la harissa avec un peu d'huile et présentez-la séparément.

SUGGESTION
Ce fond d'asperge convient également pour faire cuire les asperges blanches. Les épluchures ne doivent bouillir que brièvement sinon elles dégagent des substances amères.

Tajine au poulet
et aux poires

MAROC

Ingrédients
4 portions comme plat principal
2 cs de pignons
½ cube de bouillon de poule
2,5 dl d'eau
½ boîte de filaments de safran (175 mg)
50 g de tomates séchées
½ bouquet de coriandre fraîche
1 poulet, env. 1,2 kg
2 cs d'huile d'olive
1 oignon, haché
1 cs de gingembre frais, râpé
un morceau de cannelle de 5 cm
poivre noir du moulin
4 poires, moyennement mûres
sel
2 cs de beurre
3 cs de miel
2 cc d'eau de fleurs d'oranger (10 ml, pour 0,5 litre de liquide)

1 Faire dorer les pignons à sec dans une poêle antiadhésive. Délayer le demi-cube de bouillon dans l'eau bouillante, y ajouter le safran et laisser reposer un instant. Couper les tomates séchées en lanières. Lier le bouquet de coriandre avec du fil de cuisine.

2 Couper le poulet en 8-10 morceaux et les saisir entièrement à la poêle dans de l'huile moyennement chaude. Ajouter l'oignon, le gingembre, la cannelle, le poivre, les tomates séchées et la coriandre et laisser revenir brièvement le tout. Mouiller au bouillon safrané, couvrir et laisser braiser durant env. 45 minutes jusqu'à ce que la viande soit cuite. Retourner les morceaux de poulet de temps en temps. Ajouter éventuellement un peu d'eau, car la viande doit toujours baigner dans un léger mouillement.

3 Entre-temps, éplucher les poires, les couper en quatre et en retirer le cœur. Déposer les quartiers de poire dans de l'eau salée afin qu'ils ne brunissent pas. Chauffer le beurre et le miel, y caraméliser brièvement les poires égouttées, sur feu vif, sans les laisser trop ramollir. Retirer du feu.

4 Déposer les poires sur les morceaux de volaille, arroser le tout de caramel liquide et d'eau de fleurs d'oranger, parsemer de pignons et porter brièvement le tout à ébullition, à découvert, en arrosant la viande de jus de cuisson. Retirer la coriandre et la cannelle. Assaisonner juste avec un peu de sel (attention: les tomates séchées en contiennent généralement déjà!).

Servir avec des galettes de pain, de la semoule de couscous (suggestion page 34) ou du riz.

SUGGESTION
Vous pouvez également préparer ce tajine avec la même quantité de pilons de poulet ou 600 g de poitrine de poulet coupée en gros morceaux. Avec cette dernière, réduisez le temps de cuisson de 15 minutes.

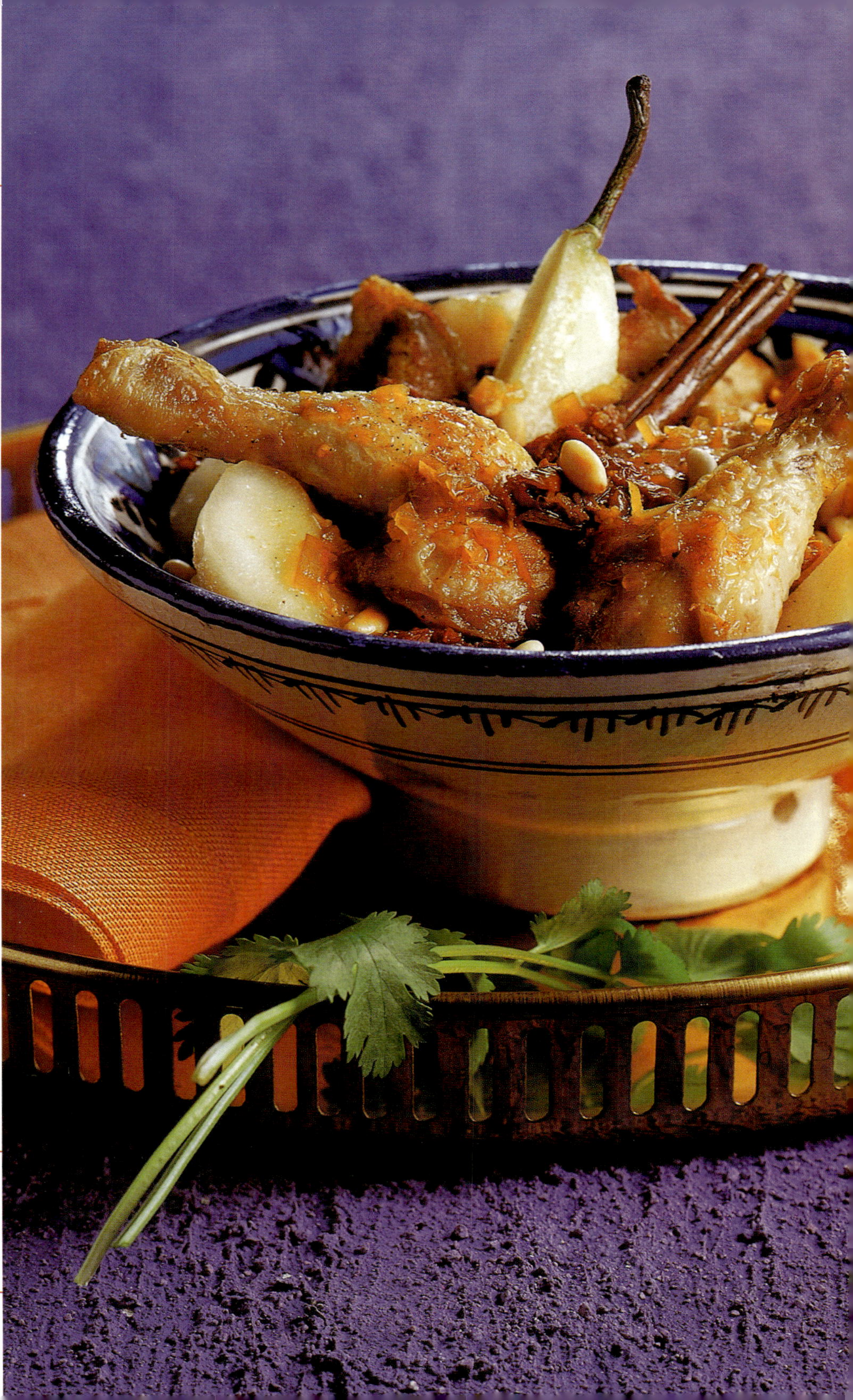

Coquelets à l'algérienne

ALGÉRIE

2-4 portions comme plat principal

Marinade

1 cs de graines d'anis

½ cc de piments entiers séchés, écrasés

1 citron, zeste et jus

un peu de sel

poivre noir du moulin

0,75 dl d'huile d'olive

2 coquelets (d'env. 500 g)

sel

feuille d'aluminium

1 La veille, écraser finement l'anis et le piment au mortier. Râper le zeste de citron, exprimer le jus. Mettre le tout dans un gobelet en y ajoutant le reste des ingrédients de la marinade, puis bien mélanger.

2 Poser les coquelets sur la poitrine et à l'aide de ciseaux à volaille, les découper en crapaudine: couper de chaque côté de la colonne vertébrale et la retirer. Retourner et appuyer fortement pour les aplatir. Poser une grande feuille d'aluminium double dans un grand plat réfractaire peu profond. Placer dessus les coquelets, côté peau vers le haut, et les arroser de marinade en frottant. Refermer la papillote et laisser mariner toute la nuit (ou mieux 24 heures) au réfrigérateur.

3 Le jour même, préchauffer le four à 180 °C. Ouvrir la feuille, mais la laisser dans le plat. Saler légèrement les coquelets et les faire cuire au four durant env. 45 minutes jusqu'à ce qu'ils soient bien croustillants. Les arroser de jus de temps en temps.

Servir avec des galettes de pain, de la semoule de couscous (suggestion page 34) ou du riz.

SUGGESTION

Le mariage de l'anis et de la volaille est inhabituel, mais délicieux. Les graines d'anis parfument ce plat tout en le rendant très digeste.

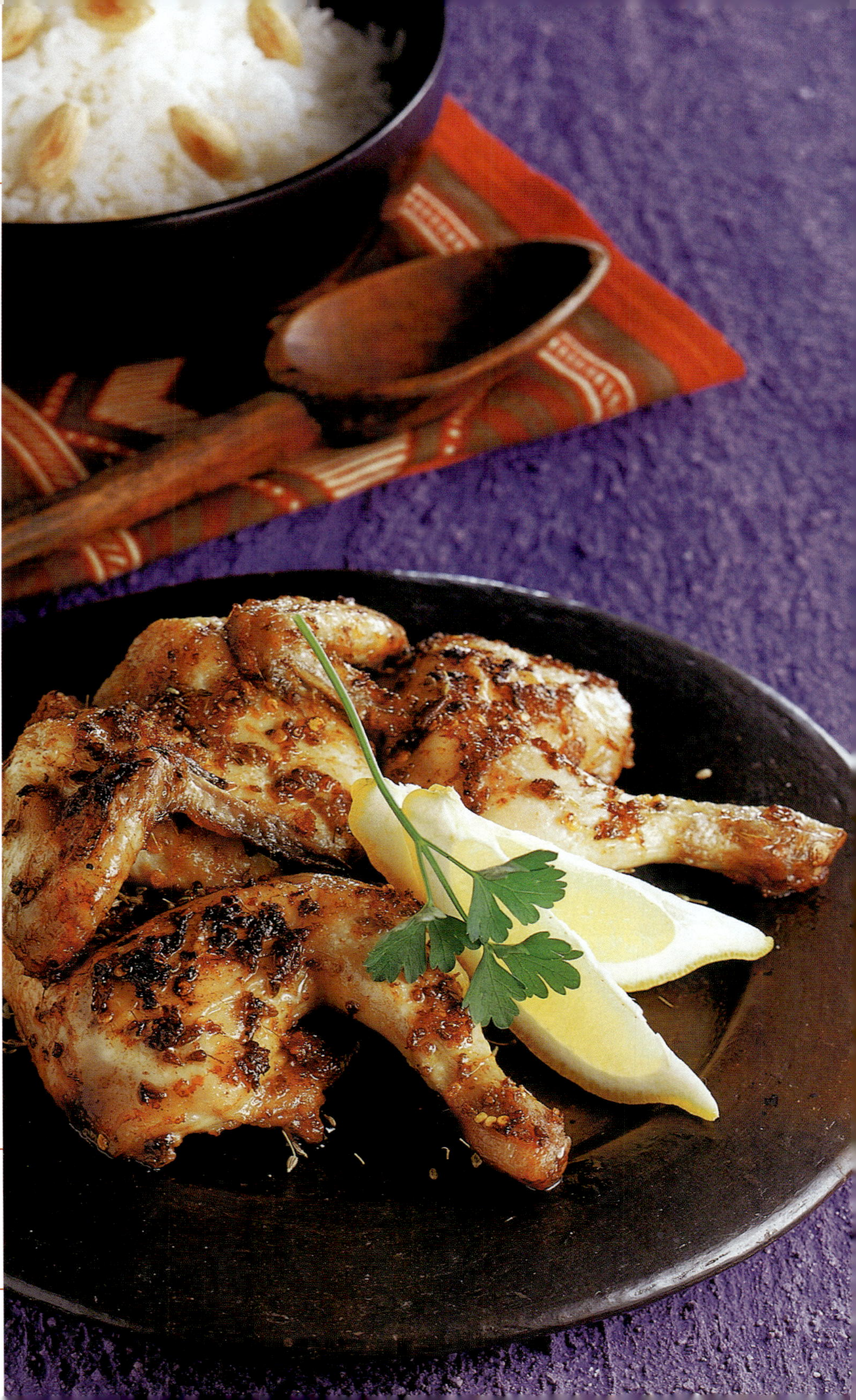

Canard du Nil «Mamounia»
Magrets de canard et riz aux raisins secs et aux amandes

ÉGYPTE

4 portions comme plat principal

Khalta

75 g d'amandes allumettes

50 g d'abricots séchés

75 g de raisins sultanine blonds

75 g de raisins sultanine foncés

5 dl d'eau

1½ cube de bouillon de poule

¼ de cc de sel

¼ de cc de poivre noir du moulin

Magrets de canard glacés à l'abricot

75 g de confiture d'abricot, mixée

1 cs de sauce Worcestershire

2 magrets de canard (d'env. 300 g)

1 cs de beurre à rôtir

1 cs d'huile d'olive

sel

poivre noir du moulin

Riz

1 cs d'huile d'olive

300 g de riz à grains longs ou mi-longs, par ex. Carolina

1 cs de sucre de canne

1 pincée de cardamome en poudre

1 pincée de tout-épice en poudre

1 Pour la garniture (*khalta*), faire griller les amandes à sec dans une poêle antiadhésive. Tailler les abricots en dés de 0,5 cm et les mélanger avec les deux sortes de raisins secs. Porter l'eau à ébullition avec le cube de bouillon, en arroser les fruits, couvrir et laisser gonfler 30 minutes. Egoutter en recueillant le jus et y ajouter de l'eau pour obtenir 6 dl de liquide.

2 Pour le canard, réchauffer légèrement la confiture d'abricots jusqu'à ce qu'elle se liquéfie. Y mélanger la sauce Worcestershire. Inciser la peau des magrets en formant des croisillons à l'aide d'un couteau tranchant. Placer un plat réfractaire dans le four et le préchauffer à 80 °C. Saisir les magrets à la poêle dans un mélange de beurre et d'huile, à feu moyen, d'abord du côté peau, jusqu'à ce qu'ils prennent une jolie couleur. Les retourner, saler, poivrer et enduire de confiture d'abricots. Saisir de la même façon le côté chair, assaisonner et glacer. Déposer les magrets dans le plat réfractaire et les laisser cuire 40-45 minutes en les retournant toutes les 10 minutes et en les enduisant de confiture d'abricots. Réserver la poêle avec le fond de cuisson.

3 Pour le riz, chauffer l'huile, ajouter le riz et le sucre et laisser revenir en mélangeant constamment, à feu moyen, jusqu'à coloration brun clair. Assaisonner avec la cardamome et le tout-épice, mouiller au bouillon et laisser cuire durant 15-20 minutes à demi-couvert.

4 Faire revenir les fruits séchés dans le fond de cuisson des magrets, ajouter les amandes allumettes, saler et poivrer.

Dresser le riz sur le plat de service et répartir dessus le *khalta* (fruits et amandes). Trancher les magrets et les disposer sur le riz.

SUGGESTION

Le canard est apprécié en Egypte depuis l'Antiquité, mais cette recette appartient à la cuisine moderne.
On appelle *khalta* une garniture composée d'amandes et de raisins secs que l'on dresse sur le riz.

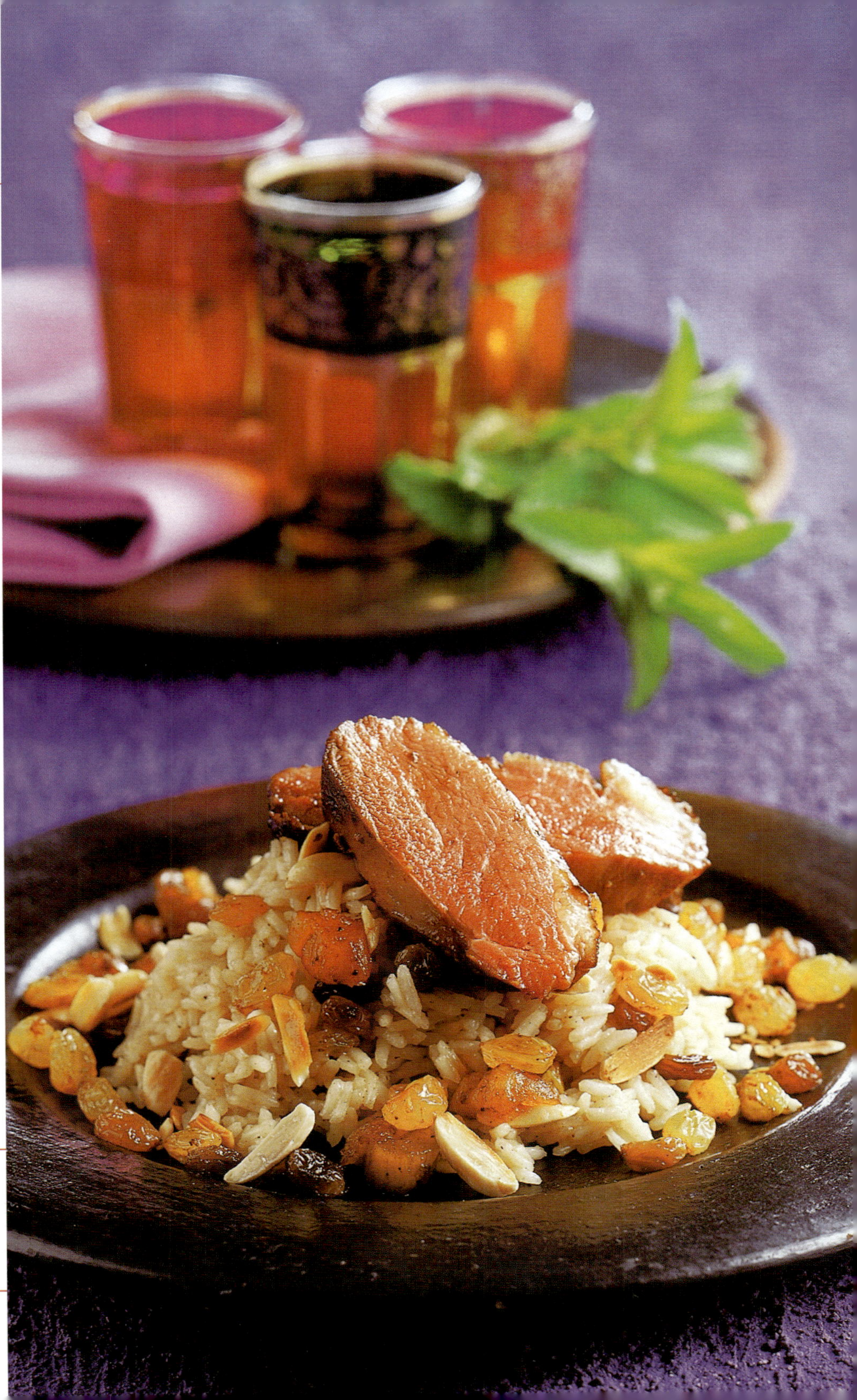

Chiche kebab
Brochettes de viande et de légumes

MAROC

4 portions comme plat principal

Chermoula (marinade)

1 cs de moutarde, mi-forte

1 cs de concentré de tomates

1 gousse d'ail, pressée

½ cc de harissa

½ cc de coriandre en poudre

¼ de cc de cardamome en poudre

¼ de cc de cannelle en poudre

1 citron vert, jus

600 g de quasi d'agneau ou de filet de selle d'agneau

1-2 poivrons rouges

4 échalotes

1 aubergine

sel

huile d'olive

8-12 brochettes en bois de 25 cm de long

1 Mélanger les ingrédients de la marinade. Couper la viande et les poivrons en morceaux de 3 cm et les échalotes en deux ou en quatre. Fendre l'aubergine en deux, puis la couper en travers, en tranches de 1 cm. Mélanger le tout avec la marinade, couvrir et placer 1 heure au frais. Plonger les brochettes en bois 1 heure dans de l'eau froide.

2 Sur chaque brochette, piquer 4-5 morceaux de viande en alternant avec les légumes. Saler et badigeonner d'huile d'olive au pinceau. Faire cuire les brochettes sur le gril, dans la poêle à grillades ou sous le serpentin du four à 250 °C pendant 12-15 minutes, jusqu'à ce que la viande soit cuite. Retourner les brochettes de temps en temps.

Servir avec des galettes de pain, de la semoule de couscous (suggestion page 34) ou du riz et une salade de poivrons et tomates (page 30).

SUGGESTION
Vous pouvez également préparer ces brochettes avec un mélange de bœuf et d'agneau ou du bœuf seul.

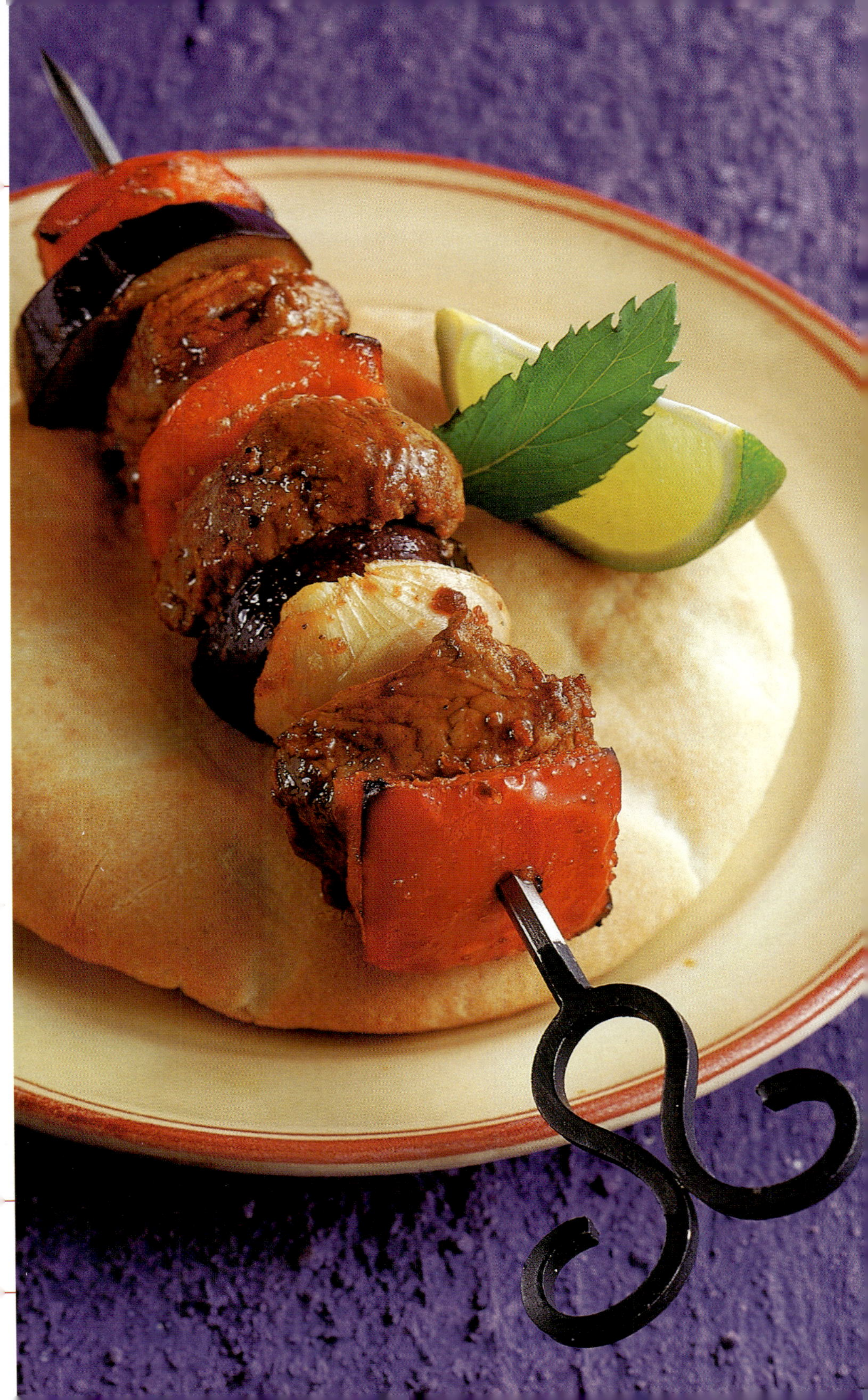

Kefta

Boulettes de viande hachée sur lit de sauce tomate

MAROC

4 portions comme plat principal

Boulettes

2 dl d'eau

½ cc de sel

125 g de boulgour (blé grossièrement concassé)

1 échalote, hachée très fin

1 gousse d'ail, pressée

1 cs d'huile d'arachide

1 cs de concentré de tomates

½ citron, jus

150 g de viande d'agneau, hachée

200 g de viande de bœuf, hachée

1 cs de menthe, hachée

2 cc de harissa

½ cc de cumin en poudre

½ cc de cannelle en poudre

½ cc de sel

poivre noir du moulin

1-2 cs d'huile d'arachide pour la cuisson des boulettes

Sauce

2 grosses tomates

2 échalotes, en lanières

1 gousse d'ail, pressée

1 cs d'huile d'arachide

1-2 cc de harissa

1 cc de cumin en poudre

1 cc de coriandre en poudre

1 sachet de safran en poudre (125 mg)

sel

1 Pour les boulettes, porter l'eau salée à ébullition, en arroser le boulgour et mélanger. Laisser gonfler et refroidir à couvert.

2 Faire suer l'échalote et l'ail dans l'huile chaude, ajouter le concentré de tomates et le laisser rissoler brièvement. Mouiller au jus de citron, porter à ébullition et réserver.

3 Mettre la viande dans une jatte, y ajouter le boulgour et le mélange d'échalotes. Ajouter le reste des ingrédients des boulettes et malaxer soigneusement le tout. Former 24-28 boulettes de la taille d'une balle de golf. Les faire cuire de toutes parts dans l'huile très chaude, puis réserver au chaud.

4 Pour la sauce, inciser les tomates en croix, les ébouillanter jusqu'à ce que la peau commence à se décoller. Les rafraîchir sous l'eau froide, les peler, les épépiner et les couper en dés. Faire suer les échalotes et l'ail dans l'huile très chaude. Y ajouter la harissa et les autres épices ainsi que les tomates, faire cuire un instant et rectifier l'assaisonnement. Dresser la sauce sur le plat de service et poser les boulettes dessus.

Servir avec du riz ou de la semoule de couscous (suggestion page 34).

SUGGESTION

Les boulettes peuvent être préparées avec une seule sorte de viande. En entrée ou comme snack, cette collation convient pour 8-10 portions. Les boulettes crues se gardent plusieurs mois au congélateur.

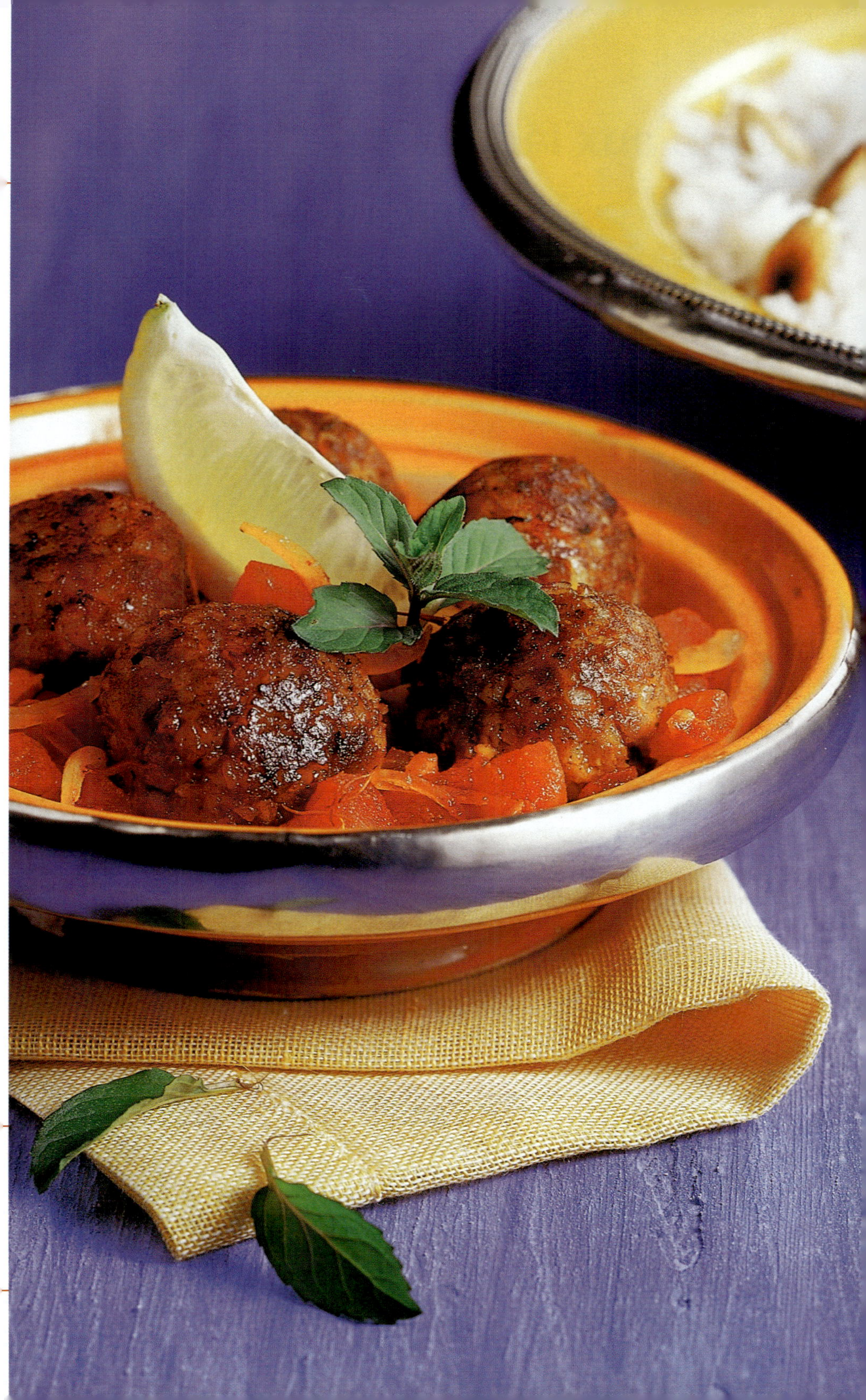

Tajine aux légumes

MAROC

3-4 portions comme plat principal

½ citron, jus

1 cc de sel

500 g de mini-artichauts (15 env.)

6 olives noires dénoyautées (20 g)

1 cs de pignons

150 g de tomates cerises

½ cube de bouillon de légumes

2,5 dl d'eau

½ boîte de filaments de safran (175 mg)

150 g de petits pois (surgelés)

150 g de pois mange-tout

2 cs d'huile d'olive

1 échalote, en lanières

1 gousse d'ail, pressée

½-1 cc de harissa

150 g de riz à grains longs ou mi-longs, par ex. Carolina

1 cs de persil plat, haché

½ cs de feuilles de menthe poivrée, hachées

sel

poivre noir du moulin

1 Dans une jatte, mélanger le jus de citron et le sel avec env. 1 litre d'eau. Casser la queue des artichauts et trancher la moitié supérieure des feuilles. Retirer les feuilles extérieures coriaces. Couper les artichauts en quatre et les plonger aussitôt dans l'eau citronnée. Couper les olives en quatre. Faire dorer les pignons à sec dans une poêle antiadhésive. Couper les tomates en deux ou en quatre. Délayer le demi-cube de bouillon dans l'eau bouillante, ajouter le safran et laisser reposer un moment. Mettre les petits pois dans une passoire et les arroser d'eau bouillante, parer les mange-tout.

2 Bien égoutter les artichauts et les faire revenir 10 minutes dans l'huile, dans une braisière en fonte (ou une poêle avec couvercle) jusqu'à légère coloration. Ajouter l'échalote, l'ail, la harissa et les olives et les laisser brièvement revenir. Ajouter le riz et le faire revenir jusqu'à transparence. Mouiller au bouillon, porter à ébullition et laisser cuire 10 minutes à couvert.

3 Ajouter les petits pois et les mange-tout. Laisser frémir encore env. 10 minutes, à demi-couvert, jusqu'à ce que le riz soit cuit (ajouter éventuellement un peu d'eau). Y mélanger les tomates et les herbes et laisser juste réchauffer. Saler, poivrer et parsemer de pignons.

SUGGESTION
Parer les artichauts est un peu fastidieux, mais le résultat en vaut la peine. En dehors de la saison, on peut les remplacer par 240 g de cœurs d'artichaut en boîte (conservés en saumure). Dans ce cas, il suffit de les couper en deux, puis de les ajouter avec les petits pois.

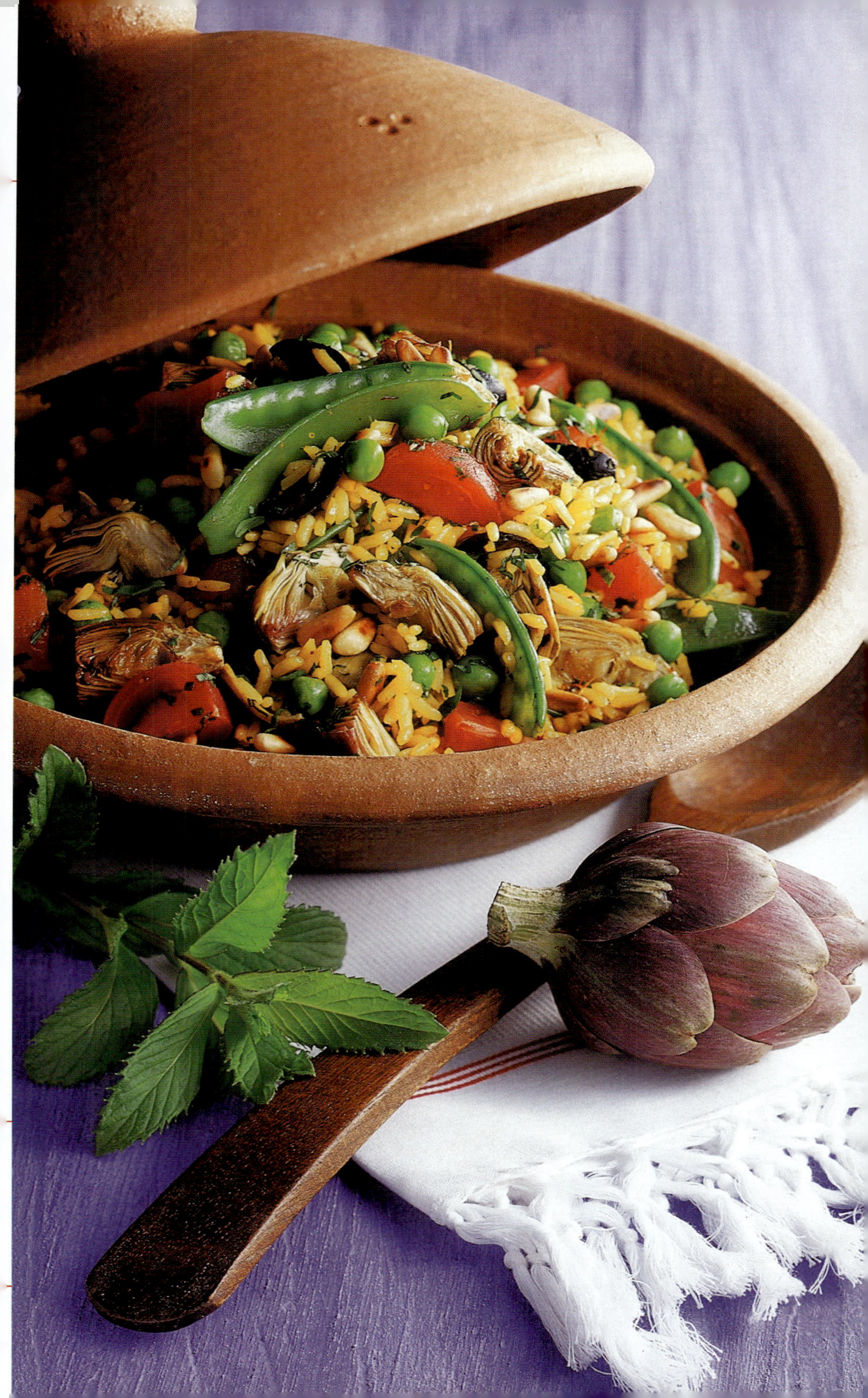

Mousse à la menthe

MAROC

4 portions comme dessert

Mousse
½ bouquet de menthe
180 g de yogourt nature
40 g de sucre glace
2 feuilles de gélatine
½ citron vert, jus
1 dl de crème

½ orange, jus
½ cc d'eau de fleurs d'oranger (2,5 ml, pour 1,25 dl de liquide)
12 dattes

1 Hacher grossièrement les feuilles de menthe (8 g de feuilles), les mixer avec le yogourt et le sucre glace. Faire tremper la gélatine 5 minutes dans de l'eau froide.

2 Faire tiédir le jus du citron vert dans une petite casserole. Y ajouter les feuilles de gélatine non essorées et les délayer entièrement en remuant. Y incorporer 2 cuill. à soupe de préparation au yogourt en mélangeant, puis verser dans le reste de yogourt en tournant au fouet. Placer au réfrigérateur.

3 Dès que la préparation commence à prendre, fouetter la crème en chantilly et l'incorporer. Dresser dans des coupes, couvrir et laisser prendre au moins 2 heures au réfrigérateur.

4 Entre-temps, mélanger le jus d'orange avec l'eau de fleurs d'oranger. Couper les dattes en quatre dans la longueur, les dénoyauter et les ajouter. Couvrir et laisser macérer au moins 1 heure, puis dresser sur les mousses.

SUGGESTION
La mousse peut également être réfrigérée dans une grande jatte. Dans ce cas, plongez une cuillère à soupe dans de l'eau chaude et prélevez des quenelles de mousse. Dressez-les sur des assiettes et posez les dattes à côté.
La menthe se marie parfaitement avec les oranges. L'eau de fleurs d'oranger peut être éventuellement remplacée par 1 cuill. à soupe de liqueur d'orange.

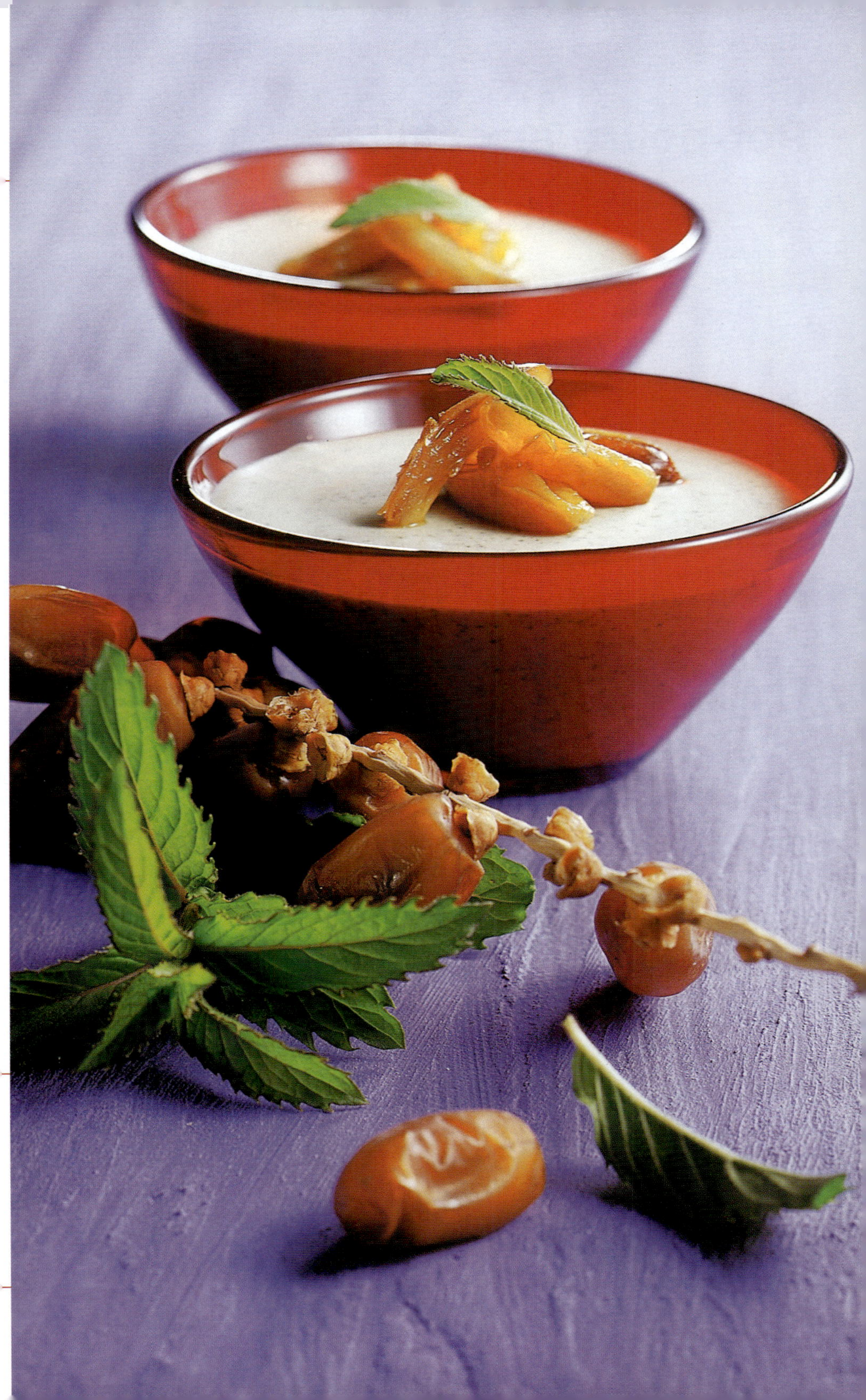

Pot-pourri aux fruits

4 portions comme dessert

Marinade
½ litre d'eau
50 g de sucre de canne
un morceau de cannelle de 5 cm
3 clous de girofle
2 capsules de cardamome
1 fruit d'anis étoilé

1 cc d'eau de fleurs d'oranger (5 ml, pour 0,25 litre de liquide)

200 g de fruits séchés: abricot, ananas, kumquat, mangue, melon, noix de coco, papaye, pêche, poire, pomme, pruneaux dénoyautés, etc.

2 cs de pignons

1 La veille, chauffer tous les ingrédients de la marinade, couvrir et laisser frémir pendant 45 minutes. Laisser refroidir, y verser l'eau de fleurs d'oranger, puis en arroser les fruits. Couvrir et laisser macérer toute la nuit au réfrigérateur.

2 Le jour même, recueillir la marinade et la faire réduire à env. 1 dl. Laisser refroidir, puis reverser sur les fruits.

3 Faire griller les pignons à sec dans une poêle antiadhésive, puis en parsemer les fruits.

SUGGESTION
Servir avec de la glace à la vanille ou à la cannelle.

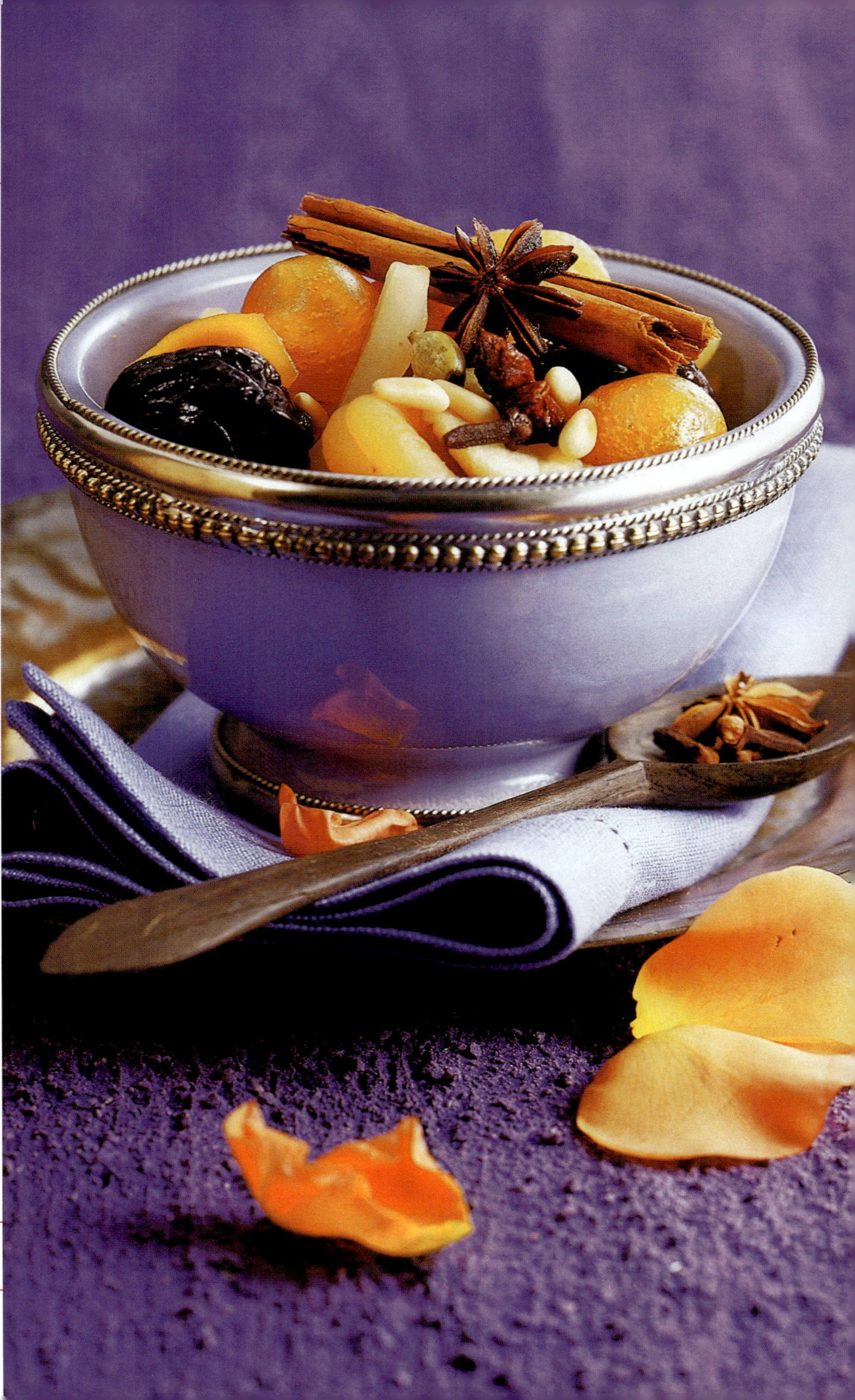

Couscous seffa
Semoule de couscous sucrée avec raisins secs et cannelle

MAROC

4 portions comme dessert

50 g de raisins sultanine blonds

2 cs de sucre glace

1 cs d'eau de rose

1 cc de cannelle en poudre

½ citron, zeste

2,5 dl d'eau

1 cs de sucre glace

1 cs de beurre

130 g ce semoule de couscous moyenne, «prête en 5 minutes»

cannelle en poudre et sucre glace (facultatifs)

1 Arroser les raisins d'eau bouillante et laisser gonfler pendant 30 minutes. Egoutter et mélanger avec sucre glace, eau de rose, cannelle et zeste de citron râpé.

2 Porter l'eau additionnée de sucre glace et de beurre à ébullition. Verser sur la semoule, couvrir et laisser gonfler pendant 5 minutes.

3 Mélanger les raisins secs et la semoule.

Saupoudrer de cannelle et de sucre glace. Servir éventuellement avec des fruits frais.

SUGGESTION
Variante de présentation: pressez légèrement la semoule dans de petits moules et les démouler sur les assiettes.

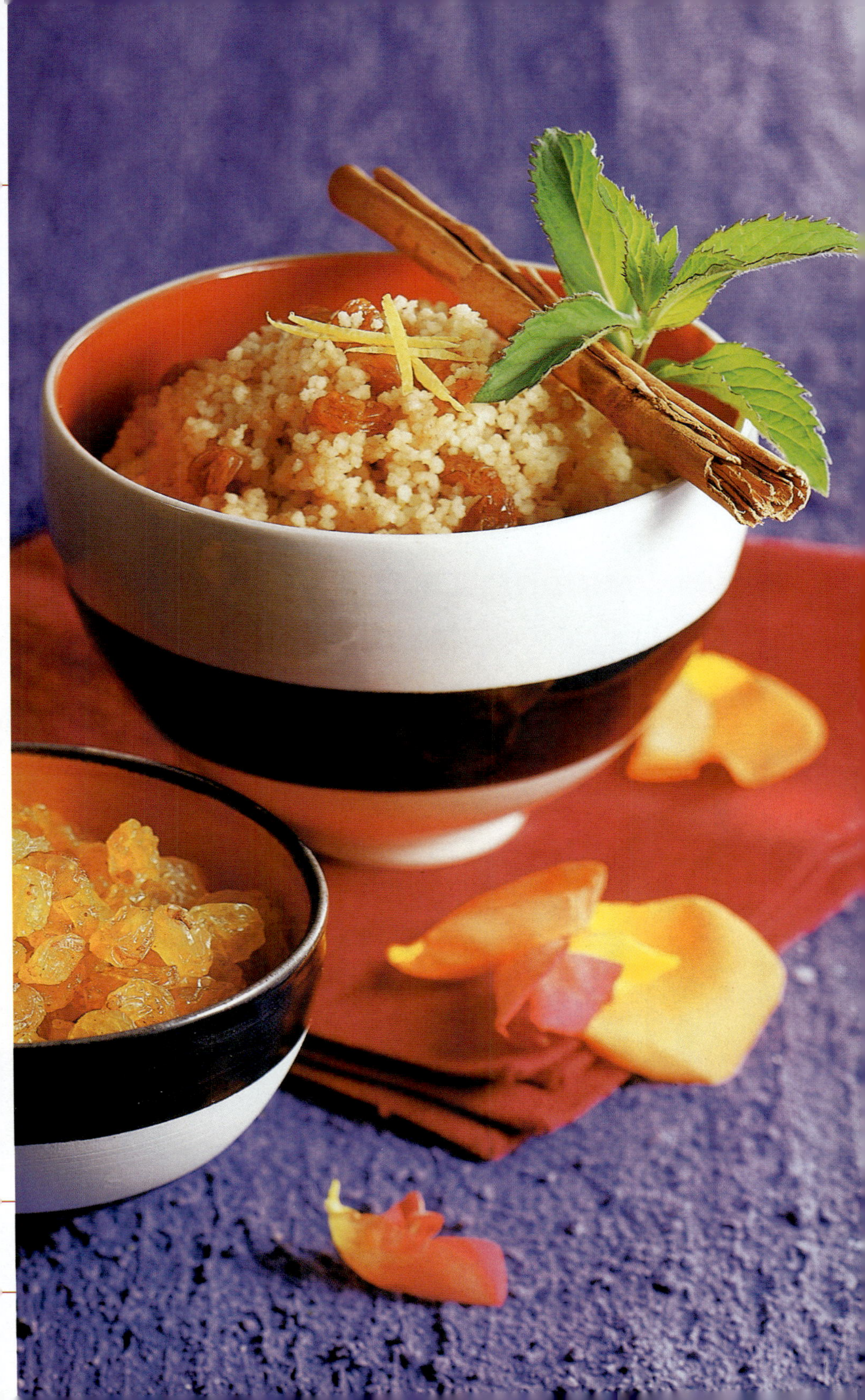

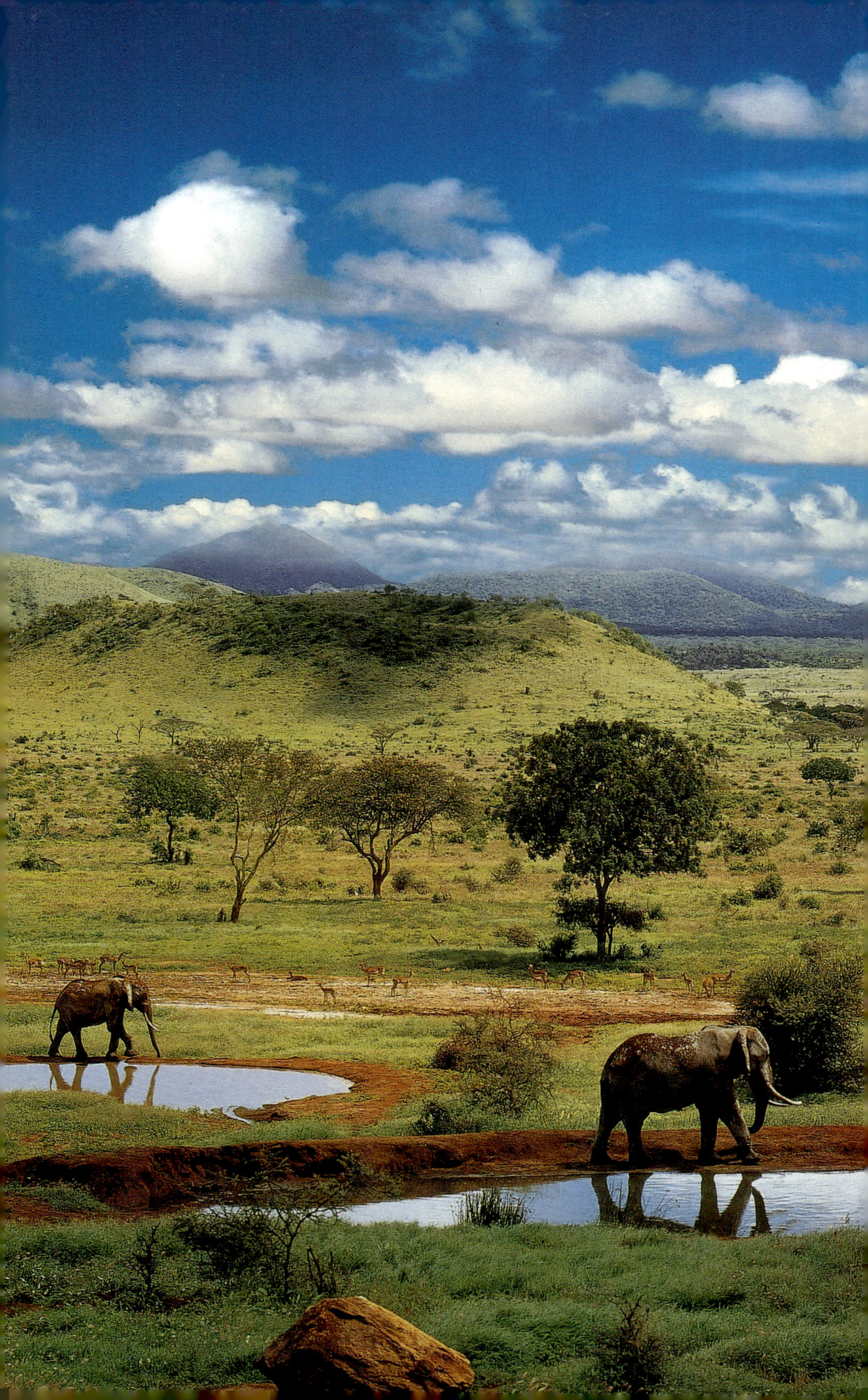

La cuisine en safari
Invitation dans les espaces infinis

57

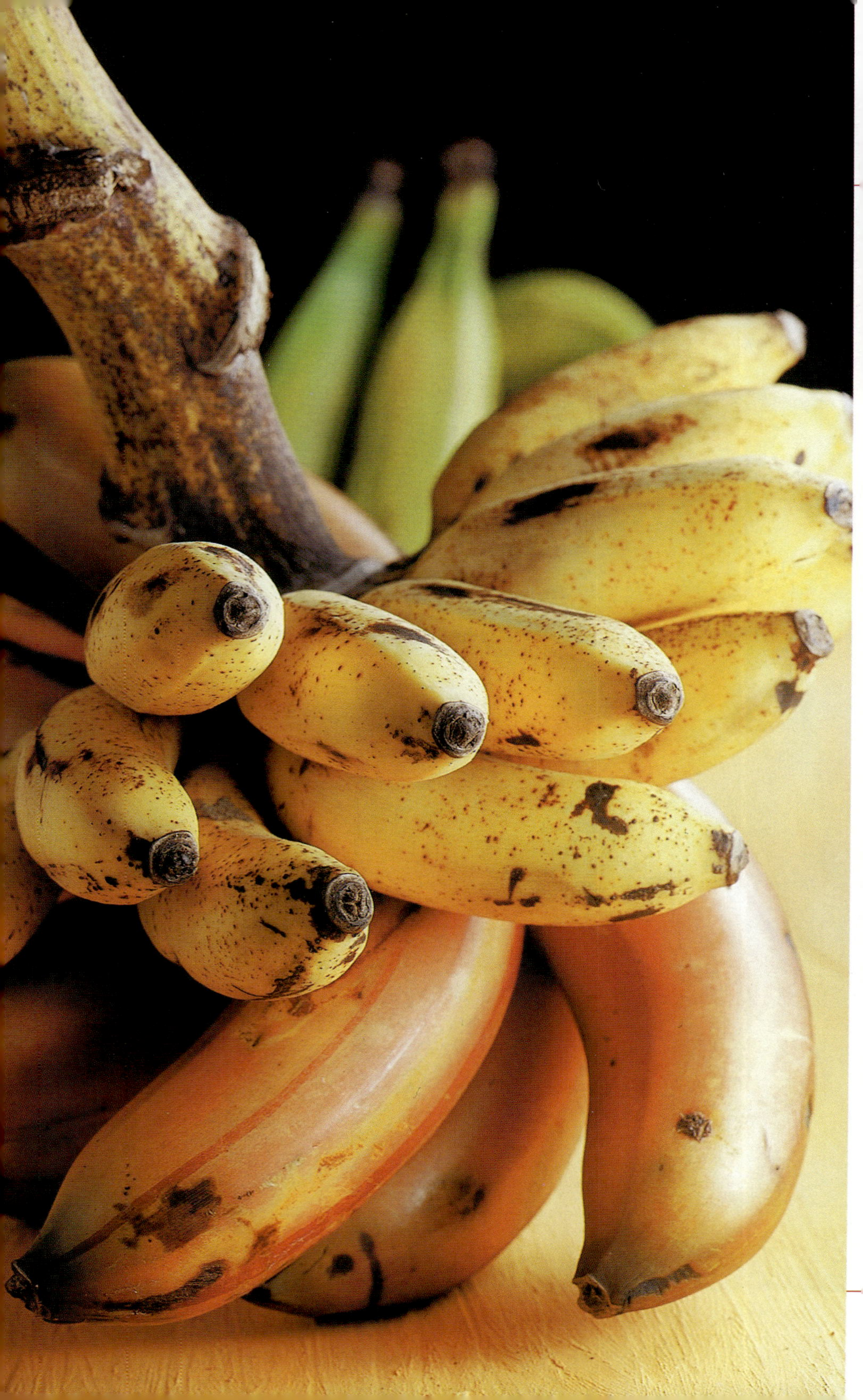

Invitation dans les espaces infinis

Kenya, Kwazulu-Natal, Namibie, Ouganda ou Tanzanie. Que l'on traverse les réserves d'Amboseli ou Samburu, les parc nationaux Kruger ou Etosha, les espaces infinis de l'Afrique offrent de multiples possibilités de ressentir au plus près la nature sauvage et la richesse de la faune. Pratiquement chaque Etat africain offre la possibilité de participer à des safaris, et pour que la nourriture soit à la hauteur du spectacle, des lodges luxueux et des camps de brousse confortables s'occupent de proposer aux invités un vaste répertoire culinaire.

Oasis culinaires

Dans la savane, l'alimentation n'est pas à portée de main, à part peut-être la viande de gibier local. Les légumes, les céréales et les boissons sont souvent livrés de très loin. C'est pourquoi la cuisine du safari privilégie les légumes de garde ou les fruits séchés, par exemple, ce qui n'est en aucun cas un obstacle au plaisir gastronomique.

Dès l'aube

Si l'on veut observer les animaux dans leur environnement naturel, il faut se lever très tôt, avant que la chaleur ne les pousse à se réfugier à l'ombre. Zèbres, girafes, gnous, oryx vaquent à leurs occupations. Là! Un groupe d'éléphants! On ne regrette plus de s'être levé si tôt, surtout lorsqu'on se voit servir un casse-croûte surprise en plein cœur de la brousse: de délicieuses boulettes de légumes, du pain croustillant et des fruits parfumés.

Un jeu de couleurs fascinant

La chaleur fait trembler le jaune paille de la savane. Des sommets enneigés du Kilimandjaro émane une sensation d'irréalité. On se prend à rêver sur le contraste de l'ombre et de la lumière sur les dunes de sable, lesquelles se détachent sur le bleu intense du ciel namibien.

Rafraîchissement dans l'après-midi

Dans de nombreux pays, un drink sans alcool est pratiquement devenu boisson nationale. Il s'agit du Rock Shandy: limonade au citron, un trait de bitter Angostura, un autre de jus de citron vert et de l'eau minérale, le tout généreusement complété de glaçons. Une véritable source de rafraîchissement que l'on apprécie même en dehors des safaris.

Coucher de soleil et dîner

Après la sieste, on peut choisir d'entreprendre une excursion chez les Himbas ou de se diriger plutôt en direction de la côte. Ce qui est certain, c'est qu'au retour, l'on trouvera un coucher de soleil et un excellent dîner!

Le ciel se pare de rouge et d'orange flamboyants. Plus il y a de nuages à l'horizon, plus le coucher de soleil est spectaculaire. Selon l'humeur, on le contemplera en rêvant ou on le décrira dans son carnet de voyage avec force détails. Les koudous, impalas et autruches que vous avez pu observer durant la journée se retrouvent le soir au menu du dîner. Essayez donc la selle de springbok en croûte poivrée telle qu'on la cuisine en Namibie. Ou bien avez-vous envie d'un poisson pêché dans la baie des Baleines? Surtout, ne laissez pas passer les desserts, car demain vous aurez besoin de toute votre énergie!

Retour en cuisine

Pour cuisiner les recettes de ce chapitre, inutile de posséder une Land Rover ni une carabine: tous les ingrédients se trouvent facilement dans le commerce. Si toutefois vous voulez partir à la chasse, faites-le avec un appareil photo afin de fixer pour l'éternité la simplicité de préparation de nos recettes safari!

Chutney de mangue

Igname

Fruits séchés

Chutney de mangue
Condiment aigre-doux composé de mangue, vinaigre, piment et autres épices. Dans le commerce, on trouve du chutney fruité, sucré, doux ou épicé. Les chutneys sont généralement connus comme des accompagnements exotiques, mais on peut tout à fait les employer pour donner une note fruitée à une sauce (page 62) ou à un plat de viande (page 122).

Extrait de noix de coco
Le lait de noix de coco épaissi est vendu en conserve. Il réagit à la chaleur comme les produits au lait de vache: chauffé avec des ingrédients acides tels que tomate ou citron vert, il peut floculer. C'est pourquoi il vaut mieux l'ajouter à la fin de la préparation et le laisser juste réchauffer.

Fruits séchés
Pour des raisons de conservation, les plats que l'on cuisine au cours d'un safari contiennent souvent des fruits séchés tels que pommes, abricots, poires, mangues, pêches, prunes, raisins, etc.

Gingembre
La saveur à la fois épicée et sucrée de ce rhizome asiatique apporte une note fraîche et fruitée à de nombreux plats, il attendrit la viande et facilite la digestion. Généralement employé frais et râpé, on le trouve également confit.

Huile de palme, d'olive, d'arachide
L'huile de palme (au premier plan sur la photo) est un ingrédient très employé dans la cuisine africaine. Chez nous, elle est plus connue comme matière première, mais peu utilisée en cuisine, c'est pourquoi, dans nos recettes, nous l'avons remplacée par de l'huile d'olive et d'arachide (photo: au centre et à l'arrière-plan).

La production d'huile de palme conduit souvent à la déforestation des forêts tropicales, ce qui est très préjudiciable à l'équilibre écologique mondial. En collaboration avec le

ngembre

Huile de palme, d'olive, d'arachide

Manioc

WWF, Migros s'est engagée à ne plus acheter que de l'huile de palme provenant de plantations durables, évitant ainsi le sacrifice de la forêt tropicale.

Igname
Ce tubercule issu d'une plante grimpante tropicale est très riche en amidon. D'une consistance un peu farineuse, il possède un goût légèrement sucré. C'est un aliment de base important et apprécié en Afrique – chez nous, en revanche, il est peu connu et difficile à trouver. C'est pour cette raison que nous n'en employons pas dans les recettes de cet ouvrage.

Manioc
Tubercule riche en amidon d'un arbuste tropical. Le manioc cuit est un aliment de base en Afrique, mais il est également largement utilisé pour sa fécule que l'on emploie dans les bouillies, les galettes ou les soupes. Ses petits grains agglomérés se vendent dans le commerce sous le nom de sagou. Le tapioca est également une fécule obtenue à partir des tubercules de manioc.

Le *foutou*, plat national ivoirien, est composé de manioc et de bananes plantains, le tout écrasé au mortier en une masse épaisse que l'on forme ensuite en boules ou en pains épais. La préparation en est très laborieuse et le résultat décevant pour les palais européens. Dans nos recettes, nous avons remplacé le manioc par des pommes de terre ou des produits à base de blé.

Mil
Cette céréale pousse dans les régions les plus chaudes du globe, même en période de sécheresse. Ses petits grains durs se mangent en bouillie ou servent à faire des galettes de pain une fois moulus. Egalement appelé sorgho ou doura, le mil est la céréale panifiable la plus répandue en Afrique. C'est parce qu'il ne contient pas de gluten que le mil ne permet de préparer que des galettes plates. Ce livre ne contient pas de recettes à base de mil.

Ekundu saladi
Salade de betteraves et carottes

TANZANIE

4 portions comme accompagnement

450 g de betteraves, crues
200 g de carottes
1 cs de persil plat, haché gros

Sauce

2 cs d'huile d'olive
1 citron vert, jus
1 cc de moutarde, mi-forte
1 cc de chutney de mangue, doux
½ cc de sucre de canne
1 cs de gingembre frais, râpé
1 gousse d'ail, pressée
½ échalote, hachée
sel
poivre noir du moulin

1 Préchauffer le four à 180 °C. Laver les betteraves et éplucher les carottes. Envelopper soigneusement chaque variété de légume séparément dans une feuille d'aluminium. Les faire cuire au four durant 20-30 minutes pour les carottes, 45-60 minutes pour les betteraves (selon leur taille). Les laisser refroidir dans leur papillote.

2 Mélanger soigneusement les ingrédients de la sauce au fouet ou dans un gobelet mélangeur. Eplucher les betteraves et tailler les deux variétés de légumes en bâtonnets. Mélanger avec la sauce et parsemer de persil.

SUGGESTION
Pour une préparation rapide, prenez des betteraves cuites. Cependant, la cuisson au four met davantage en valeur la saveur douce des betteraves. En Tanzanie, les betteraves sont cuites sous la braise.

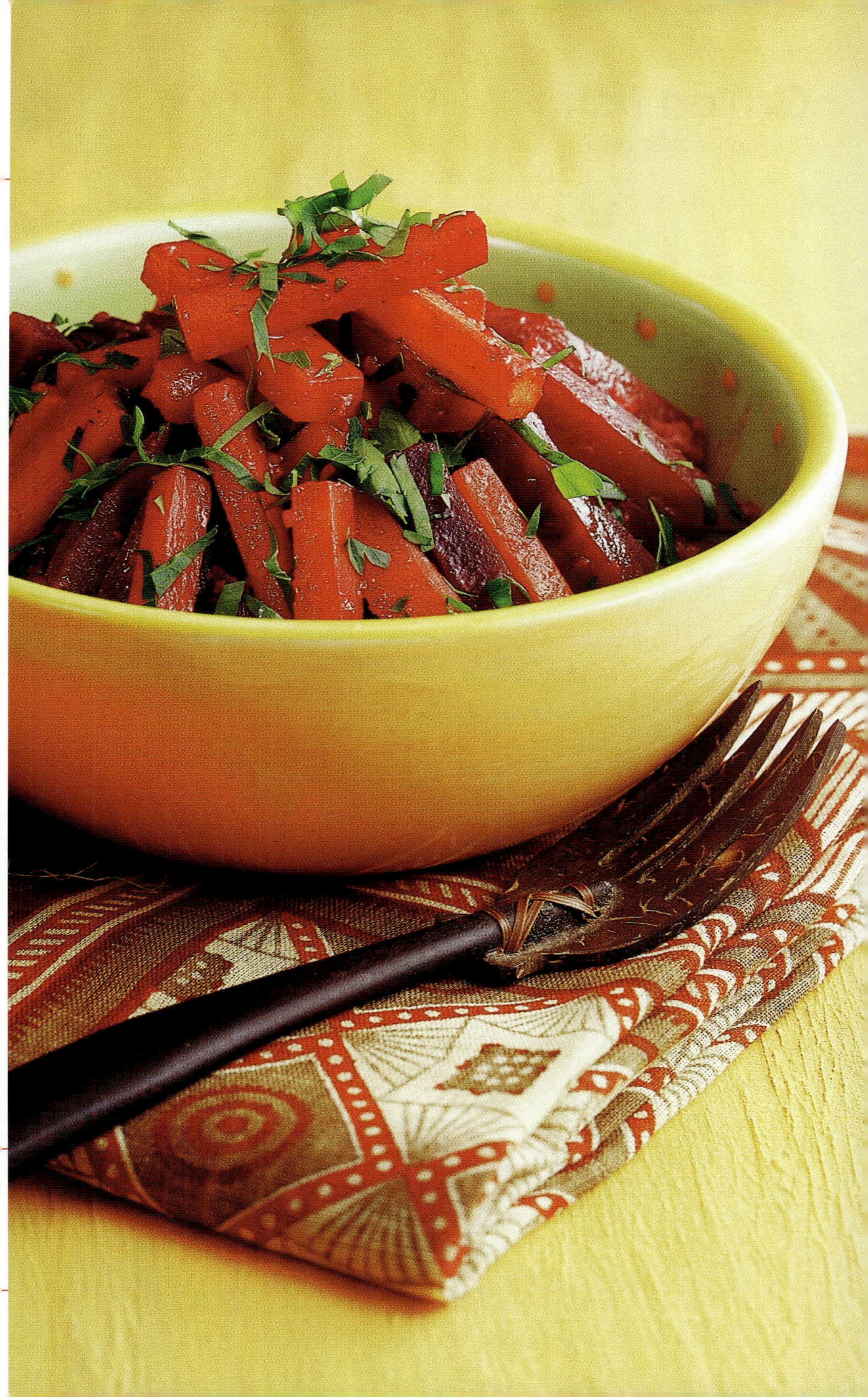

Grilled fish
Poisson entier grillé

NAMIBIE

4 portions comme plat principal

Marinade

10 g de gingembre confit

1 piment rouge

½ citron vert, zeste et jus

1 cs de sauce soja

¼ de gousse d'ail, pressée

1 vivaneau ou 1 dorade royale, écaillé et vidé (env. 900 g)

gros sel marin

2 tomates

1 oignon

1 poivron vert

sel

1 Hacher fin le gingembre (env. 1 cuill. à soupe). Fendre le piment en deux, l'épépiner et le hacher. Mélanger le tout avec le jus et le zeste râpé du citron vert, la sauce soja et l'ail. Laisser macérer un moment.

2 Laver le poisson, l'éponger et le saler généreusement avec le gros sel à l'intérieur et à l'extérieur. Laisser reposer 30 minutes. Rincer le poisson, l'éponger et pratiquer quelques entailles en biais de chaque côté. Le frotter avec la marinade, couvrir et placer 1 heure au réfrigérateur.

3 Faire griller le poisson sur le gril pendant 12-15 minutes de chaque côté.

4 Entre-temps, couper les tomates et l'oignon en deux, puis les tailler en lanières. Couper également le poivron en lanières et mélanger le tout avec un peu sel. Répartir sur le plat de service et poser le poisson dessus.

Servir avec des chips de patate douce (page 106, sans sauce) ou du riz.

SUGGESTION
Le poisson peut également être cuit dans le four préchauffé à 180 °C. Le poser sur la grille, glisser une plaque dessous et laisser cuire durant 25-30 minutes selon l'épaisseur.

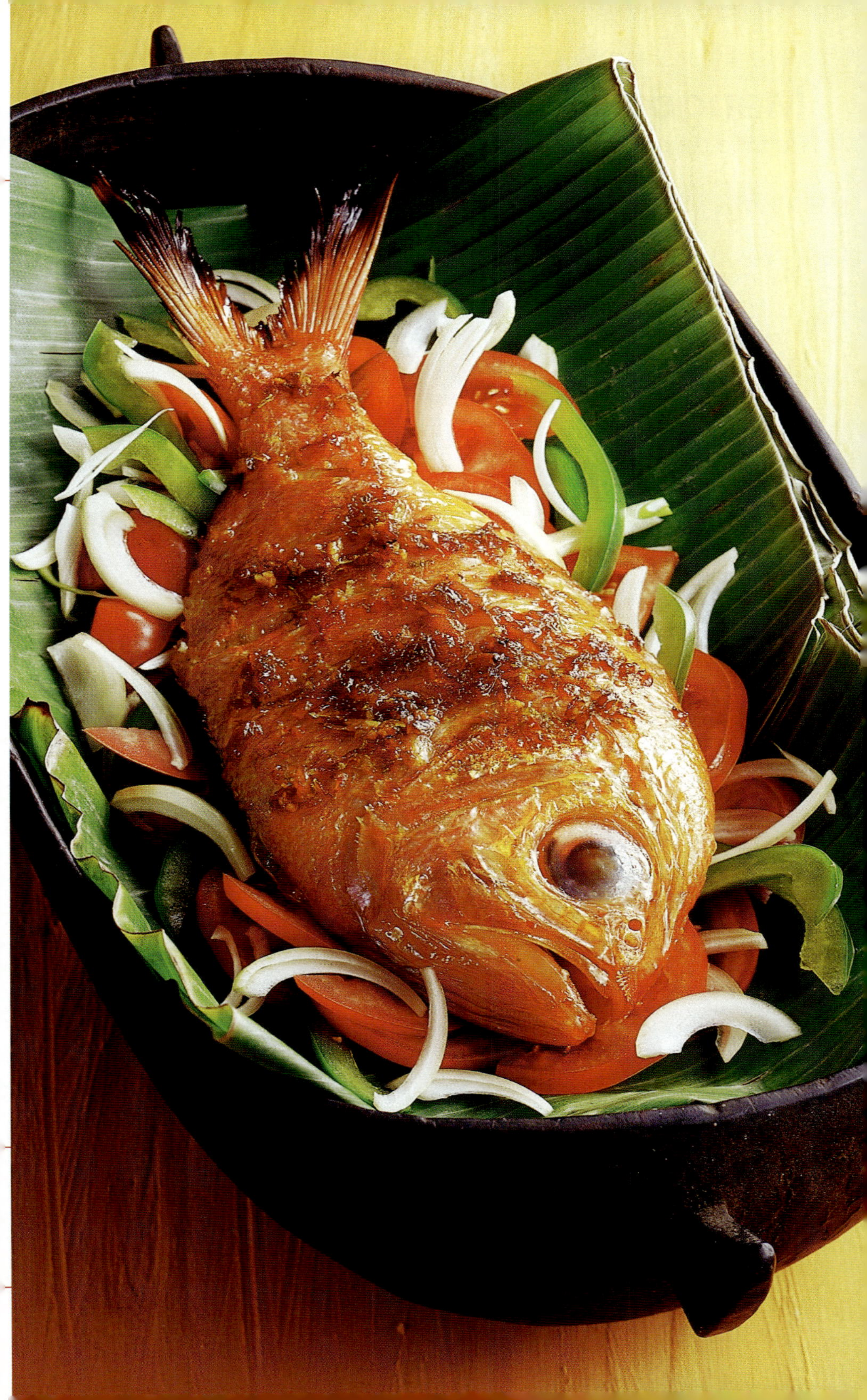

Mango chicken
Poitrine de poulet, sauce à la mangue

ZAMBIE

4 portions comme plat principal

600 g de poitrine de poulet
1 gousse d'ail, pressée
1 cs de gingembre frais, râpé
1 mangue mûre (350 g)
2 cs d'huile d'arachide
3 échalotes, hachées (120 g)
1 cc de coriandre en poudre
1 cc de cumin en poudre
1 cc de curçuma
1 cc de cannelle en poudre
2 dl de crème
sel
poivre noir du moulin

1 Frotter la poitrine de poulet avec l'ail et le gingembre, couvrir et placer 1 heure au frais.

2 Eplucher la mangue, détacher la chair du noyau en la coupant en petits morceaux et la mixer (il faut env. 220 g de purée).

3 Faire cuire la poitrine de poulet des deux côtés dans l'huile moyennement chaude jusqu'à ce qu'elle prenne une belle couleur dorée. La déposer sur une assiette chaude, couvrir et laisser reposer.

4 Faire suer les échalotes dans la même poêle jusqu'à ce qu'elles prennent légèrement couleur. Ajouter les épices et les laisser revenir jusqu'à ce que leur parfum se dégage.
Y ajouter la crème et la purée de mangue, puis laisser mijoter env. 10 minutes en mélangeant. Saler et poivrer. Couper la viande en bouchées. Les ajouter à la sauce avec leur jus et laisser juste réchauffer le tout.

Servir avec du riz.

SUGGESTION
La viande donnera à ce plat une délicieuse saveur si elle est grillée au feu de bois, plutôt qu'à la poêle. Une mangue mûre se reconnaît à son parfum et à sa souplesse. Les mangues continuent de mûrir à température ambiante.

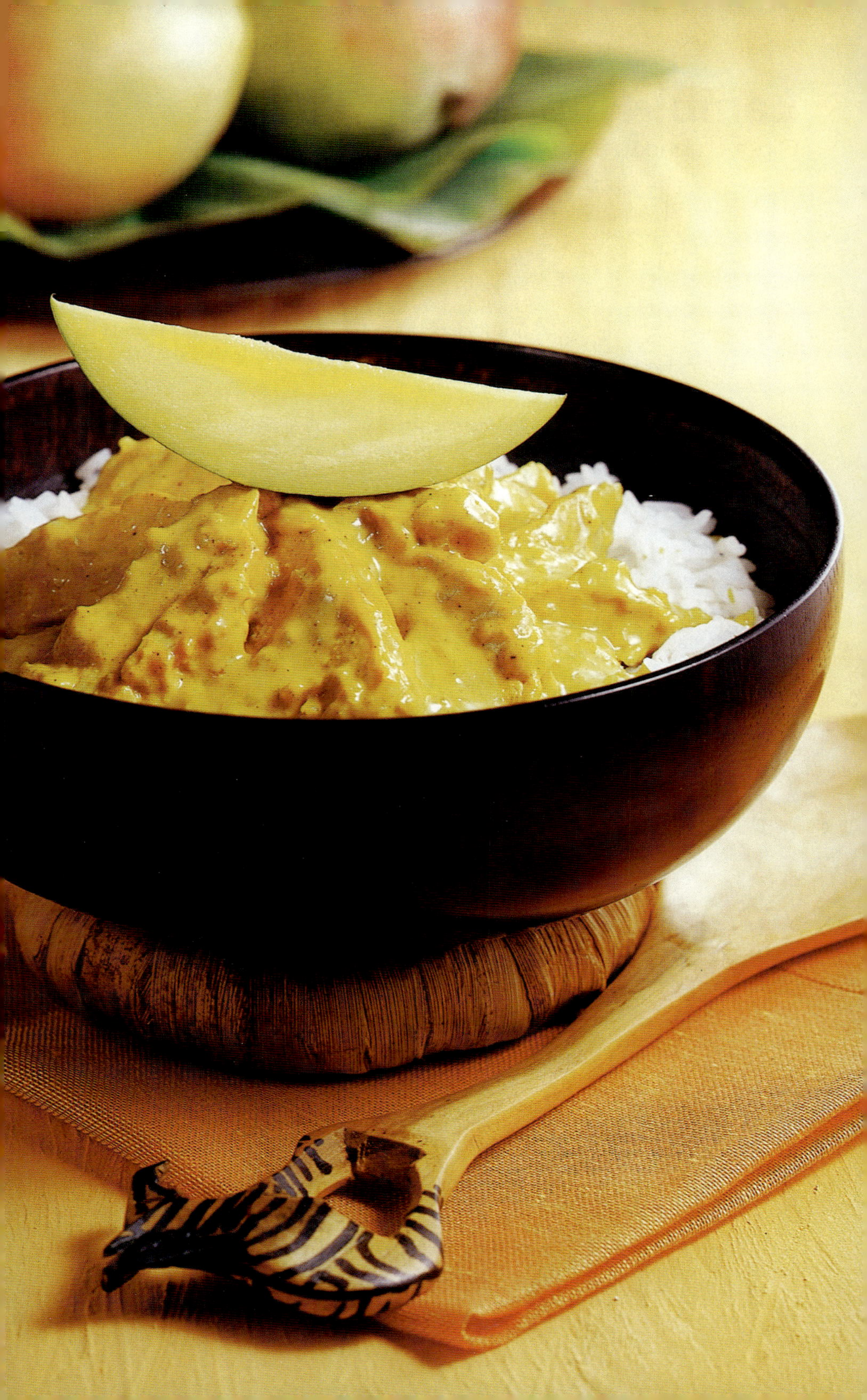

Lamb «Hunter's Joy»
Gigot d'agneau aux fruits séchés

KENYA

6-8 portions comme plat principal

1,5 dl de porto rouge

150 g de fruits séchés mélangés

25 g de tranches de mangue, séchées

Marinade

2 cs de gelée de groseilles

1 citron vert, zeste et jus

2 clous de girofle

1 feuille de laurier

1 branchette de romarin

un peu de macis ou de muscade

10 grains de poivre noir, concassés

2 gousses d'ail, pressées

2 échalotes, grossièrement hachées

3 fines tranches de gingembre frais

2 dl de vin rouge

1 gigot d'agneau désossé (env. 1,2 kg)

poivre noir du moulin

2 cs de moutarde, mi-forte

1 cc de farine

1 cc de cacao en poudre

½ cc de sel

2 cs d'huile de pépins de raisin

2 cs de beurre froid

1 Trois à cinq jours à l'avance, amener le porto à ébullition avec les fruits séchés (abricots, poires, pommes, pruneaux: dénoyautés!) et la mangue. Couvrir et laisser refroidir. Retirer les fruits de la casserole. Réchauffer le liquide et y mélanger la gelée de groseilles jusqu'à ce qu'elle se soit liquéfiée. Râper le zeste du citron vert, exprimer le jus et les ajouter au porto et à la gelée avec le reste des ingrédients de la marinade.

2 Demander au boucher de découper le gigot «en papillon» afin d'obtenir une pièce aussi plane que possible qui sera plus facile à farcir. Poivrer la viande, la masquer de moutarde et couvrir de fruits. Enrouler bien serré et ficeler avec du fil de cuisine. Déposer le gigot dans un sachet plastique à sa taille (voir suggestion page 110), y verser la marinade, fermer soigneusement et laisser mariner au moins une nuit (ou mieux 3-5 jours) au réfrigérateur.

3 Le jour même, égoutter la viande et l'éponger. Porter la marinade à ébullition, la filtrer à travers une passoire fine et la réserver. Préchauffer le four à 200 °C.

4 Mélanger la farine, le cacao et le sel, puis y passer le gigot. Le saisir de tous côtés dans l'huile chaude dans une cocotte, sur la cuisinière, pendant env. 10 minutes. Déglacer avec la marinade, porter à ébullition et terminer la cuisson au four, à découvert, pendant 40-50 minutes. Retourner le gigot de temps en temps et l'arroser de marinade. La viande est cuite dès qu'elle atteint une température à cœur de 70 °C (mesurer avec le thermomètre à viande).

5 Retirer le gigot de la cocotte et le laisser reposer 5 minutes. Entre-temps, faire légèrement réduire le jus de cuisson jusqu'à ce qu'il en reste à peine 1 dl. Y incorporer au fouet le beurre coupé en morceaux et rectifier l'assaisonnement. Couper la viande en tranches moyennes et retirer le fil de cuisine.

Servir avec la sauce et des pommes de terre rissolées.

SUGGESTION
Cette recette peut également être préparée avec un morceau de bœuf découpé de la même façon (côte couverte par ex.).

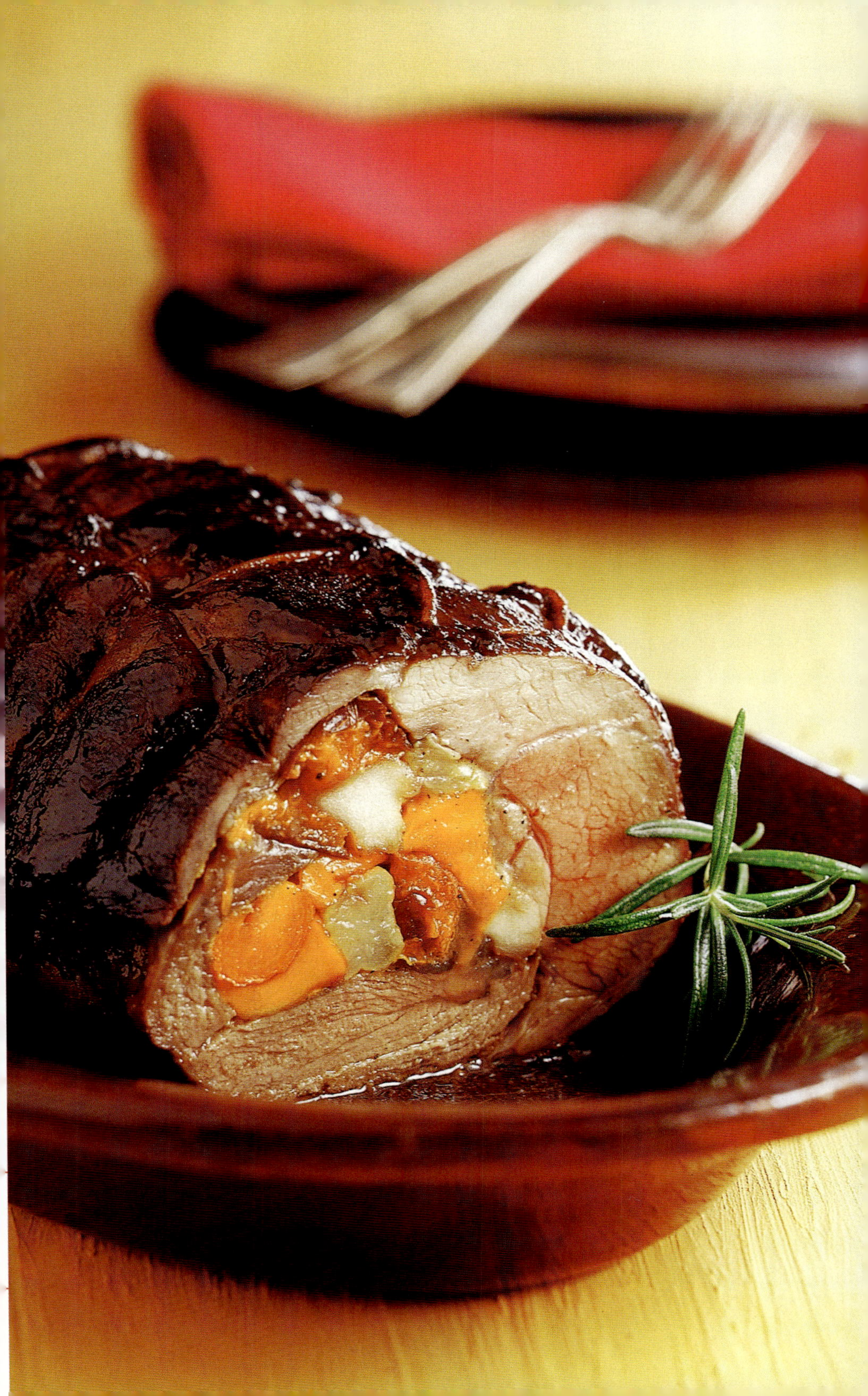

Selle de gibier «Ombudja»
en croûte poivrée

NAMIBIE

4 portions comme plat principal

600 g d'entrecôte de springbok ou de cerf (selle), prête à cuire

150 g de carottes

sel

½ fût de poireau

1 cs de grains de poivre noir

1 branchette de romarin

¼ de cc de cardamome en poudre

1 cs de beurre à rôtir

1 cs d'huile d'olive

3 branchettes de thym

4 baies de genèvre, écrasées

1 gousse d'ail, non épluchée

2 dl de vin rouge

2 cs de fond de gibier ou de veau, concentré, par ex. «Maître Nicolas»

1 cs de liqueur de cassis

2 cs de beurre froid

1 Sortir la viande du réfrigérateur 1 heure avant la préparation. Fendre les carottes en deux dans la longueur, les couper en morceaux d'env. 8 cm, puis les faire cuire juste tendres à l'eau bouillante salée pendant 5-6 minutes. Les rafraîchir dans un bain d'eau glacée. Couper le poireau en 2 morceaux d'env. 8 cm, puis les fendre en deux dans la longueur. Sur le plan de travail, concasser les grains de poivre en appuyant avec le fond d'une casserole. Effeuiller le romarin, hacher très fin les aiguilles (env. 2 cuill. à café) et les mélanger au poivre. Réserver les tiges de romarin. Mélanger la cardamome au poivre et au romarin, puis étaler le tout sur le plan de travail.

2 Enfourner un plat réfractaire dans le four et le préchauffer à 80 °C. Éponger la viande, la passer dans le mélange de poivre et bien presser celui-ci. La saisir entièrement à la poêle dans un mélange de beurre et d'huile d'olive pendant env. 10 minutes, jusqu'à ce qu'elle soit bien dorée. Saler.

3 Empiler en alternance les carottes et le poireau dans le plat du four, partie tranchée vers le haut. Poser la viande dessus et la laisser cuire 45-60 minutes. Tourner le rôti toutes les 10 minutes. Il est cuit dès qu'il atteint une température à cœur de 60 °C (mesurer avec un thermomètre à viande).

4 Entre-temps, faire revenir le thym, le genièvre, l'ail et les tiges de romarin dans la poêle qui a servi à saisir la viande. Mouiller au vin et laisser réduire de moitié. Filtrer à travers un tamis dans une petite casserole. Y mélanger le fond de gibier et la liqueur de cassis. Ajouter le beurre coupé en morceaux en tournant au fouet, puis rectifier l'assaisonnement.

5 Mélanger le jus de cuisson du rôti à la sauce. Trancher la viande, la dresser sur le lit de légumes et l'arroser de sauce.

Servir avec de la purée de petits pois, maïs et pommes de terre (page 72) ou du riz.

SUGGESTION
Les fonds de gibier et de veau sont vendus en différentes concentrations. Celui que nous utilisons ici est très épais, c'est-à-dire qu'il se gélifie si on le place au frais. Si vous utilisez un fond liquide, il faut en ajouter davantage et le faire réduire en conséquence.

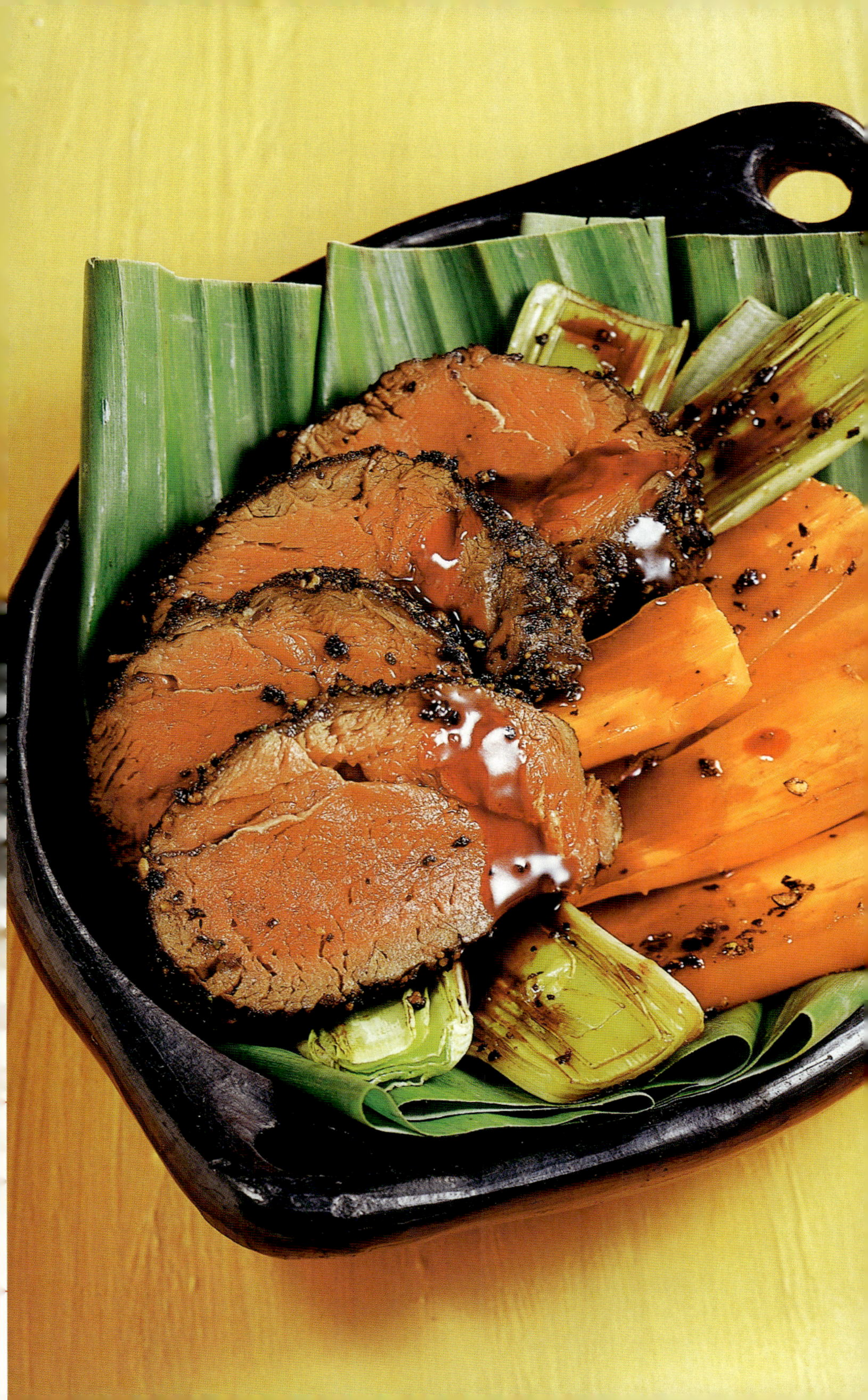

Irio
Purée de petits pois, maïs et pommes de terre

KENYA

4 portions comme accompagnement

500 g de pommes de terre, riches en amidon

150 g de petits pois (surgelés)

sel

½ poivron rouge

1 oignon, haché

1 cs de gingembre frais, râpé

1 cs d'huile d'olive

140 g de grains de maïs (en boîte)

1,5-2 dl de lait, chaud

sel

poivre noir du moulin

½ cc de curry en poudre, fort

1 Eplucher les pommes de terre, les couper en gros dés et les plonger dans un bain d'eau froide. Blanchir les petits pois 2 minutes à l'eau bouillante salée, les sortir de la casserole et les rafraîchir sous l'eau froide. Faire cuire les pommes de terre durant env. 25 minutes dans la même eau, jusqu'à tendreté. Tailler le poivron en menus dés.

2 Faire bien revenir l'oignon, le gingembre et les dés de poivron dans l'huile chaude. Ajouter le maïs et laisser revenir un moment. Passer les pommes de terre au presse-purée, les ajouter et bien mélanger. Y verser le lait et tourner jusqu'à obtention d'une purée homogène. Assaisonner avec sel, poivre et curry.

3 Mélanger les petits pois à la purée, laisser reposer un moment et dresser dans un saladier.

Servir comme accompagnement. Préparer une double quantité s'il s'agit du plat principal d'un repas végétarien.

SUGGESTION
La composition de cette recette varie selon les régions. Vous pouvez également l'enrichir de haricots noirs cuits ou de bananes plantains.

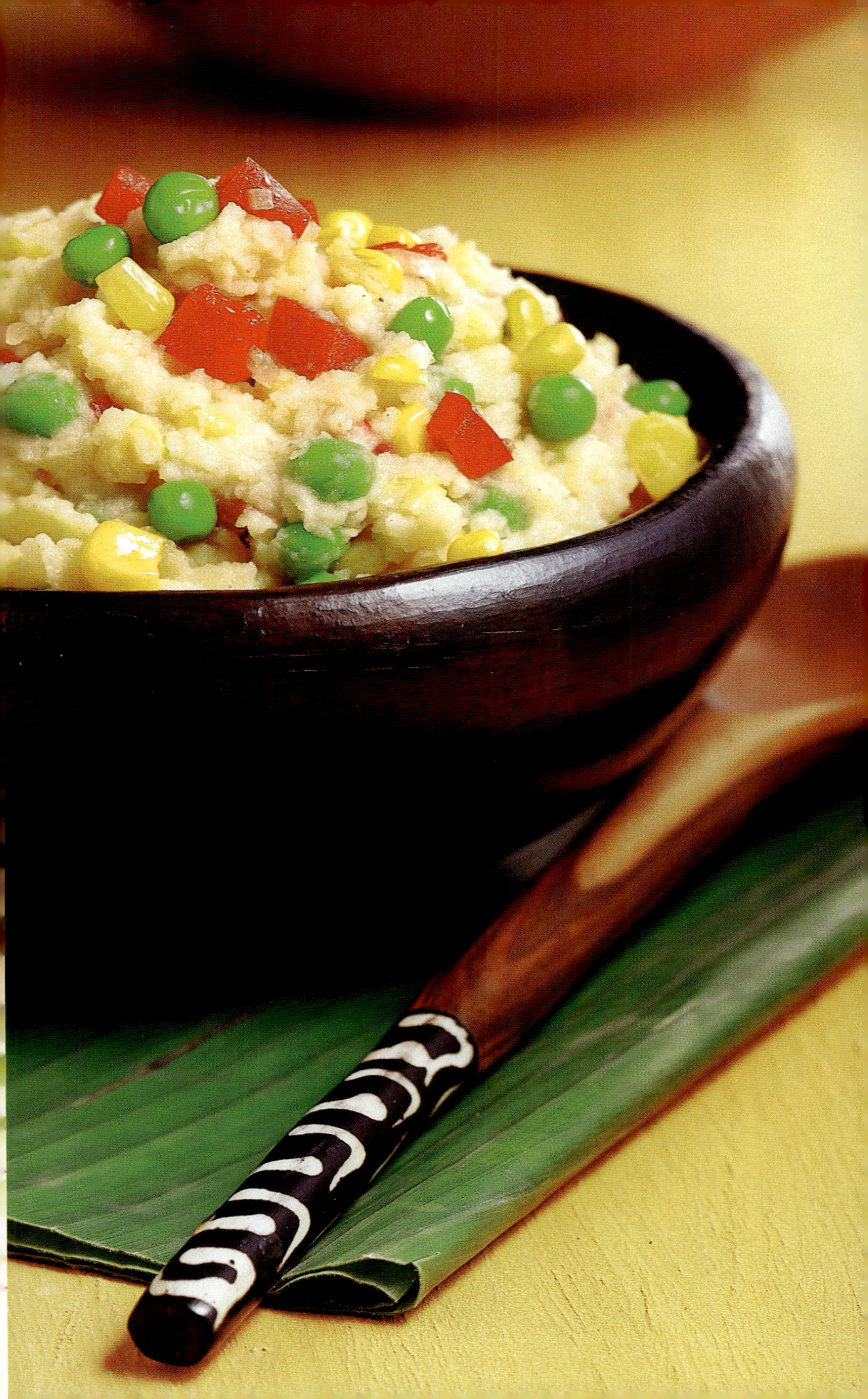

Fried vegetable balls
Boulettes aux légumes

KENYA

4 portions comme accompagnement

100 g de carottes, en dés

100 g de petits pois (surgelés)

100 g d'épinards en branches

200 g de pommes de terre riches en amidon, en dés

sel

140 g de grains de maïs (en boîte)

½ cc de curry en poudre, fort

1 œuf, battu

1-2 cs de semoule de maïs, fine

poivre noir du moulin

huile d'arachide, pour la friture

1 citron

chutney de mangue

1 Faire cuire successivement les carottes, les petits pois, les épinards et les pommes de terre à l'eau bouillante salée, jusqu'à tendreté. Egoutter, bien essorer les épinards. Réduire en purée pas trop fine avec les grains de maïs et le curry. Y incorporer l'œuf et la semoule de maïs, puis saler et poivrer.

2 A l'aide de 2 cuillères à café, prélever des ovales dans le mélange et les laisser délicatement glisser dans l'huile chauffée à 190 °C. Frire les boulettes 2-3 minutes jusqu'à ce qu'elles prennent légèrement couleur. Les égoutter sur du papier absorbant. Couper le citron en rondelles et les présenter avec les boulettes ainsi que le chutney.

SUGGESTION
Variations de légumes: vous pouvez également employer du chou-fleur, du brocoli, du fenouil, du céleri-rave ou de la courge. La quantité de pommes de terre doit être respectée afin de lier la préparation

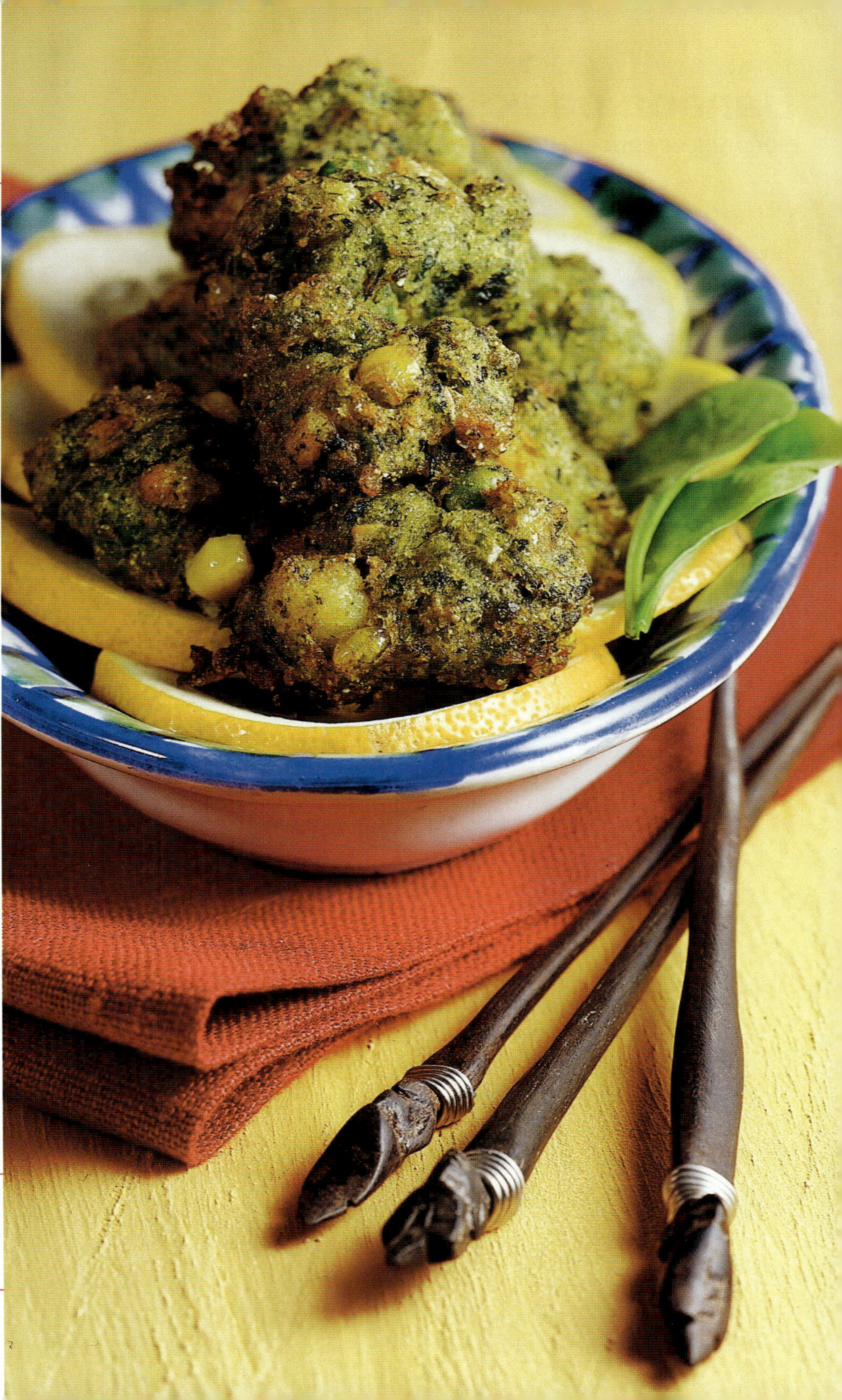

Banana peaks
Bananes et sauce à l'orange

BOTSWANA

4 portions comme dessert

Sauce
1 orange, zeste et jus
½ citron vert, zeste et jus
30 g de sucre
½ cc de cannelle en poudre
¼ de cc de cardamome en poudre
50 g de beurre

3 cs de noix de coco râpée
4 bananes
beurre, pour le plat

1 Râper finement le zeste des agrumes, puis en exprimer le jus. Faire tiédir dans une petite casserole avec les autres ingrédients de la sauce jusqu'à ce que le beurre soit fondu. Bien mélanger.

2 Faire dorer la noix de coco râpée à sec dans une poêle antiadhésive. Préchauffer le four à 200 °C.

3 Eplucher les bananes, les couper en tronçons de 5 cm, puis partager ceux-ci en deux en biais. Les placer dans un plat à gratin beurré. Les arroser de sauce et les faire cuire pendant 8-10 minutes au four en les arrosant de temps en temps en cours de cuisson.

4 Parsemer les bananes de noix de coco et servir chaud.

SUGGESTION
Disposez les morceaux de banane en cercle dans de petits plats à gratin et, une fois cuits, déposez une boule de glace à la vanille au milieu.

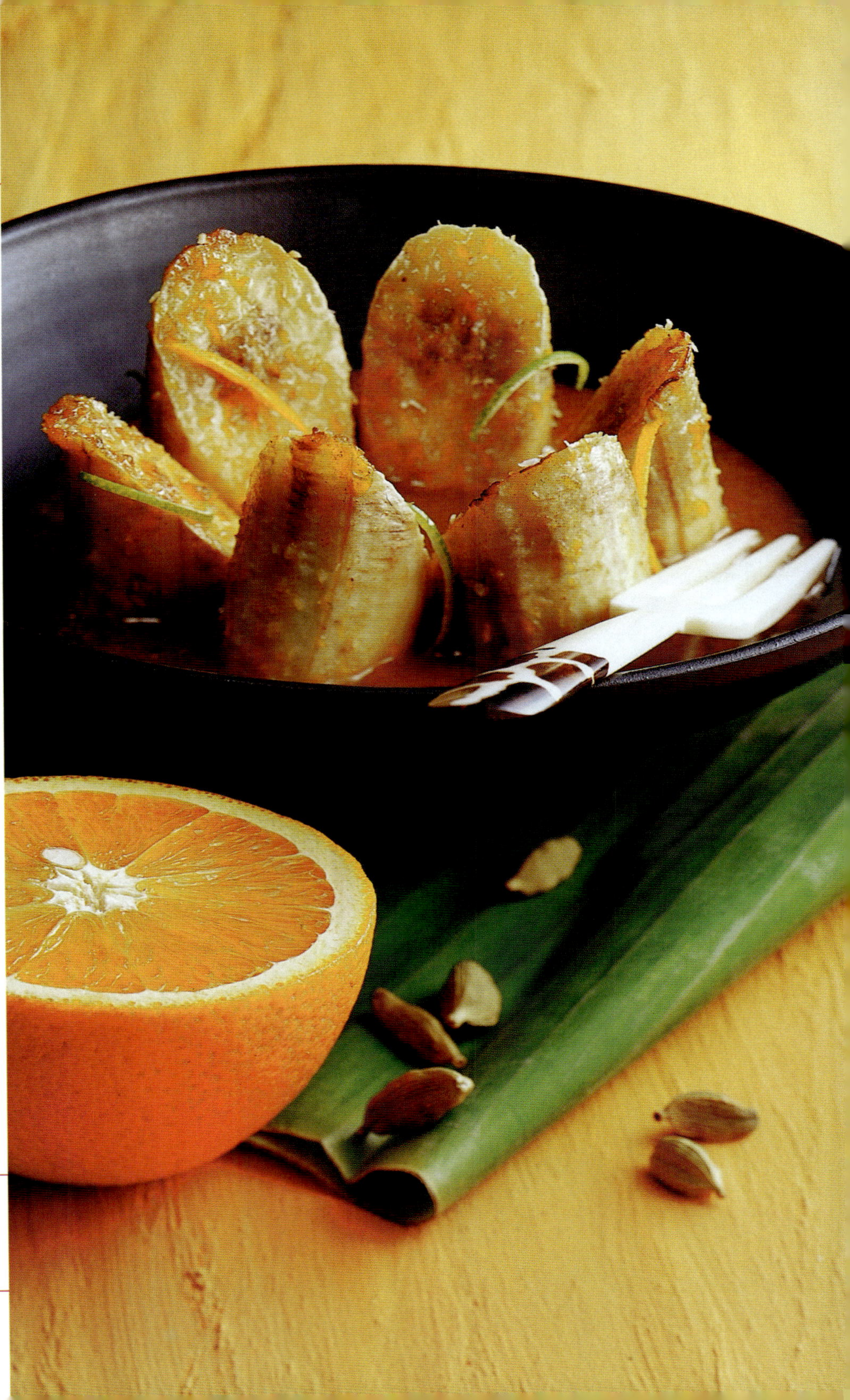

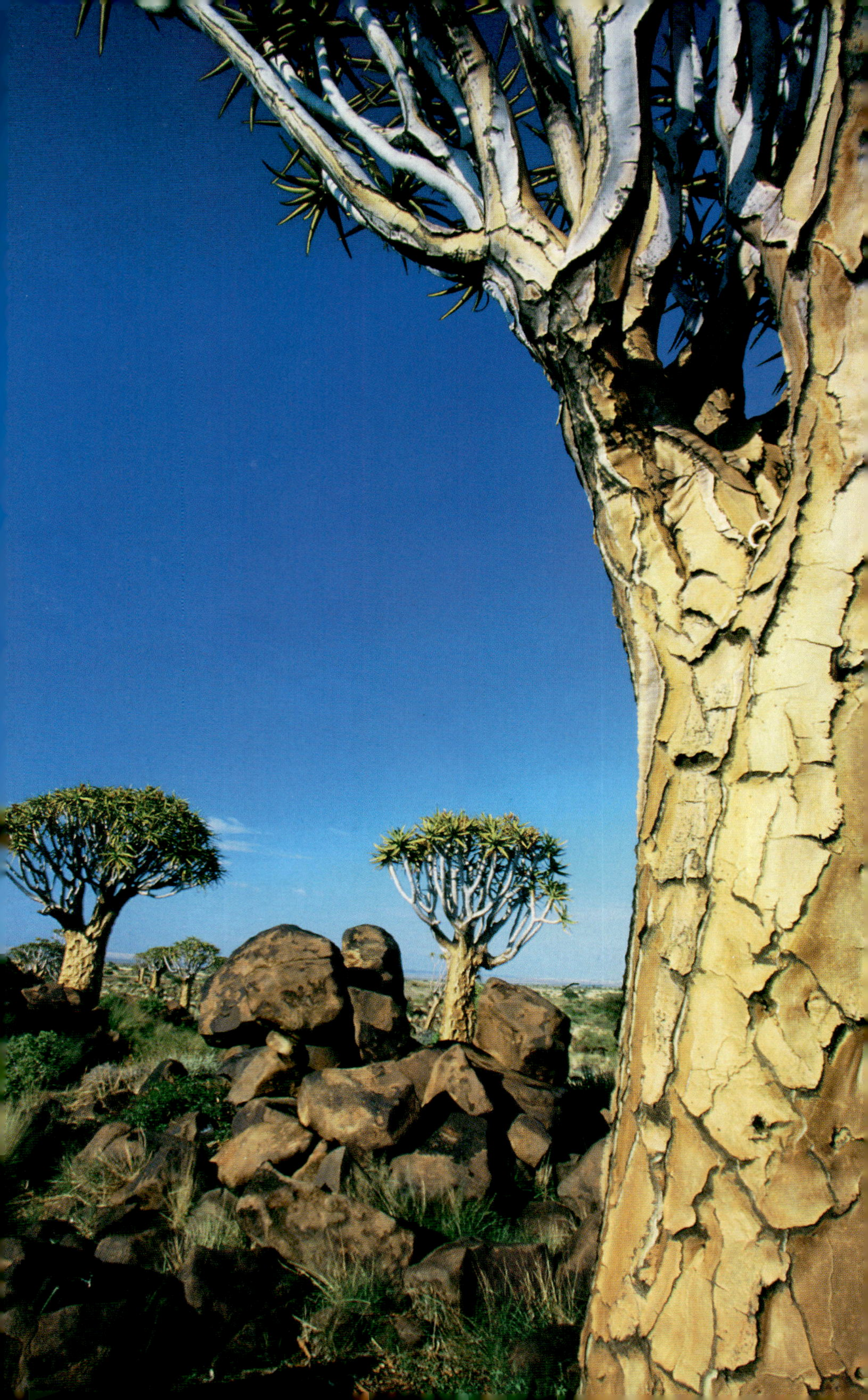

La cuisine africaine méconnue

Un voyage de découvertes culinaires

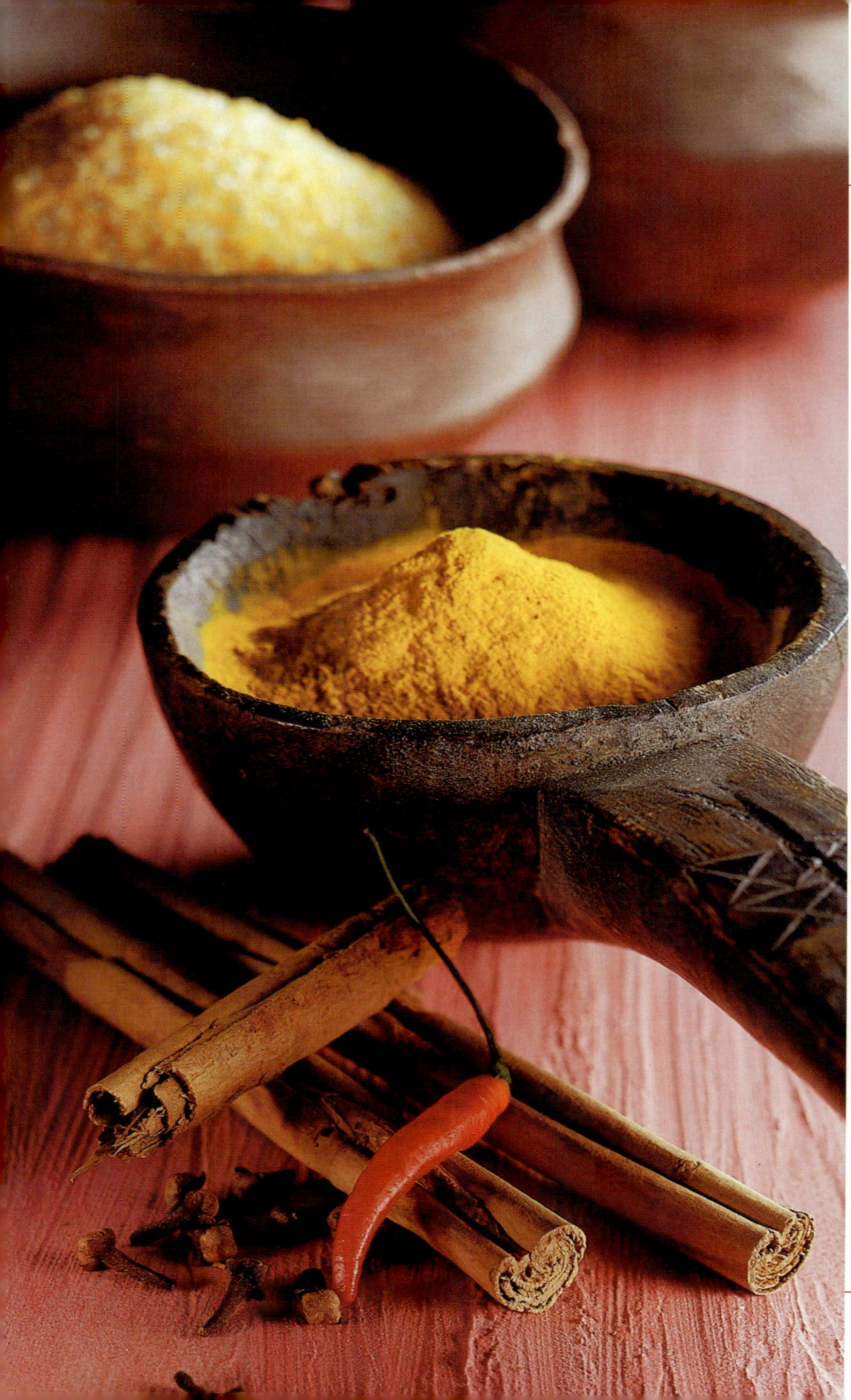

Voyage de découvertes culinaires

Aucune autre partie de notre globe ne connaît autant de peuples que l'Afrique. Cet immense continent abrite, en effet, une variété surprenante de langues et de traditions. Aussi, la cuisine des pays d'Afrique noire représente une somme impressionnante de cultures et d'habitudes. Avec les quelques recettes que nous vous présentons ici, nous ne vous en donnons qu'une idée limitée, car leur choix est tout à fait arbitraire.

Habitudes alimentaires africaines
On pile les céréales dans de hauts mortiers, un travail auquel participent souvent deux ou trois femmes pendant des heures. Cette scène est, pour les touristes de passage, une image traditionnelle typique de l'Afrique.

A partir des grains et des racines pilés, on prépare des sortes de bouillies qui remplacent le pain et autres accompagnements pour les Africains. Cette bouillie, le plus souvent composée de maïs, de manioc ou de mil, est généralement si épaisse que l'on peut la manger avec les doigts. On y apporte parfois de la variété avec une sauce ou un ragoût de légumes – rarement avec de la viande ou du poisson – mais ce n'est pas là l'essentiel: seule la bouillie est synonyme de véritable repas.

Cet état de fait est encore très courant en Afrique, mais il existe d'autres usages alimentaires que nous évoquerons par la suite.

Manque et variété
Les conditions de vie difficiles qui règnent dans certaines régions, où le manque d'eau se vit au quotidien, font que l'image de l'Afrique est souvent liée à celle de la famine. L'Afrique de l'Ouest, dont fait également partie le Sahel, connu pour ses problèmes alimentaires, pourrait théoriquement nourrir toute sa population grâce à sa production agricole. Les difficultés naissent cependant dans les régions où le manque d'infrastructures routières entrave le transport d'aliments. Ou encore dans celles où la production est entièrement destinée à l'exportation, ne laissant aucune place aux cultures qui permettraient de nourrir la population de manière équilibrée. Sans compter toute une série d'autres facteurs tels que les conflits armés, la corruption et l'instabilité politique.

Les contrastes entre régions
Les régions fertiles et productives alternent avec la savane aride, les régions côtières poissonneuses avec les plateaux escarpés. La visite de certains Etats conduit à des découvertes culinaires inattendues. Les différents peuples ne parlent pas seulement d'autres langues, ils ont également d'autres préférences en matière de nourriture. Les fruits et légumes sont préparés en salades rafraîchissantes en Côte-d'Ivoire, les crevettes géantes du Sénégal sont également très appréciées chez nous, les cacahuètes croquantes se marient de façon surprenante aux légumes-feuilles et la profusion des épices malgaches nous ensorcelle de ses parfums.

Proverbial
Les Africains s'expriment souvent par proverbes. «Pour un bon repas, nul besoin d'oignons ni de tomates», dit un proverbe ivoirien, ces deux légumes apparaissent pourtant ici et là dans nos recettes. Toutefois, celles-ci respectent bien l'esprit du proverbe, les plats africains sont généralement composés d'ingrédients très simples – mais ils n'en sont pas moins très savoureux!

Légumes-feuilles

Ananas

Citron, citron vert

Ananas
Le Ghana, la Côte-d'Ivoire et l'Afrique du Sud sont les principaux producteurs de ce fruit tropical originaire des Amériques. Un ananas mûr se reconnaît au parfum intense qu'il dégage, surtout à la base du plumet. Si les pointes des écailles sont brunes, c'est que le fruit est bien mûr même s'il est encore vert. Ses feuilles doivent, en outre, s'enlever facilement si l'on tire dessus. Les ananas continuent de mûrir à température ambiante. Ils ne supportent pas les températures inférieures à 5 °C.

Bananes plantains
Variété de grands fruits de couleur verte ou brun-jaune. Leur teneur élevée en amidon les rend impropres à la consommation crus, c'est pourquoi on les fait cuire un peu comme des pommes de terre. On peut les peler aussi facilement que des bananes fruits: il suffit d'inciser la peau avec un couteau tranchant et de peler la banane sous l'eau. Les grandes feuilles de bananier servent à envelopper des mets pour les braiser ou sont utilisées comme assiettes et matériau d'emballage.

Cacahuètes
Les graines d'arachide sont riches en vitamines B et E. Ce n'est que lorsqu'elles sont grillées qu'elles dégagent leur saveur typique; crues, elles ont le goût des haricots verts.
Le beurre d'arachide ou de cacahuètes (en réalité de la moelle) se compose de graines grillées, moulues plus ou moins finement. On l'emploie sur les tartines et dans les sauces et les soupes.
L'huile d'arachide extraite par pression des graines est d'une saveur neutre, elle supporte les températures élevées et se distingue par sa teneur élevée en acides gras de haute qualité.

Citron, citron vert
La délicate acidité du jus de citron et le parfum du zeste aromatisent de nombreuses préparations. Les citrons à peau fine et lisse donnent plus de jus que ceux à peau épaisse

cahuètes

Bananes plantains

Gousses de vanille

et irrégulière. Les citrons verts, un peu plus chers, possèdent une pulpe légèrement verte et sans pépins. Ils contiennent presque le double de jus que les jaunes et sont un peu plus aromatiques.

Quand on emploie du zeste d'agrume, il est important de le râper ou de le prélever très finement, car la partie blanche qui se trouve sous l'écorce est amère.

Gousses de vanille

Les longs fruits (des gousses, pour les botanistes) d'une orchidée tropicale grimpante sont récoltés peu avant leur maturité. Ils sont ensuite séchés et mis à fermenter jusqu'à ce qu'il en émane un délicieux parfum. Les fleurs, à l'aspect relativement insignifiant, ne s'ouvrent qu'un seul jour et doivent généralement être pollinisées à la main. C'est ce travail laborieux qui fait de la vanille l'une des épices les plus chères du monde.

On trouve également de la vanilline, un arôme de synthèse, qui ne possède toutefois pas l'arôme subtil de la véritable vanille. Aujourd'hui, les principaux producteurs de vanille sont Madagascar, Zanzibar et la Réunion (anciennement île Bourbon).

Maïs

Frais ou séchés, les grains nourrissants font partie de la nourriture africaine de base. Le *mealie pap*, la traditionnelle bouillie de maïs, est fait à base de grains séchés et écrasés.

Légumes-feuilles

Morogo, *kalembula* et *mukusule* sont les noms de plats que l'on prépare avec les feuilles de diverses variétés de plantes vertes sauvages. On y ajoute également les feuilles des radis, des colraves, des betteraves ou des courges. Dans toute l'Afrique, on connaît de multiples variétés de légumes-feuilles. Les épinards d'hiver ou les côtes de bette que l'on trouve chez nous les remplacent très bien.

Salade «Côte-d'Ivoire»
à l'ananas et au melon

4 portions comme entrée ou accompagnement

Sauce

1 piment vert

2 cs de menthe, grossièrement hachée

½ cs de sucre de canne

50 g de yogourt nature

1 cc de moutarde, mi-forte

1 cc de sauce Worcestershire

1 cc de jus de citron

1 gousse d'ail, pressée

¼ de cc de sel

1 cs de graines de sésame

1 ananas (800 g)

1 melon brodé (700 g)

½ poivron rouge

1-2 échalotes, émincées

1 Pour la sauce, fendre le piment, l'épépiner et le hacher. L'écraser finement au mortier avec la menthe et le sucre. Mélanger avec le reste des ingrédients jusqu'à obtention d'une sauce onctueuse et bien relevée.

2 Faire dorer les graines de sésame à sec dans une poêle antiadhésive.

3 Eplucher l'ananas, le couper en quatre, retirer le cœur et tailler la chair en tranches de 0,5 cm d'épaisseur. Couper le melon en deux, l'épépiner, le recouper en huit et l'éplucher. Couper également la pulpe en tranches de 0,5 cm. Tailler le poivron en lanières. Mettre le tout dans un saladier et mélanger avec la sauce. Parsemer de graines de sésame et servir aussitôt.

Servir comme accompagnement avec d'autres plats ou en entrée.

SUGGESTION
Cocktail de crevettes «Côte-d'Ivoire»: ajoutez à la salade 200 g de crevettes «tail on» cuites.

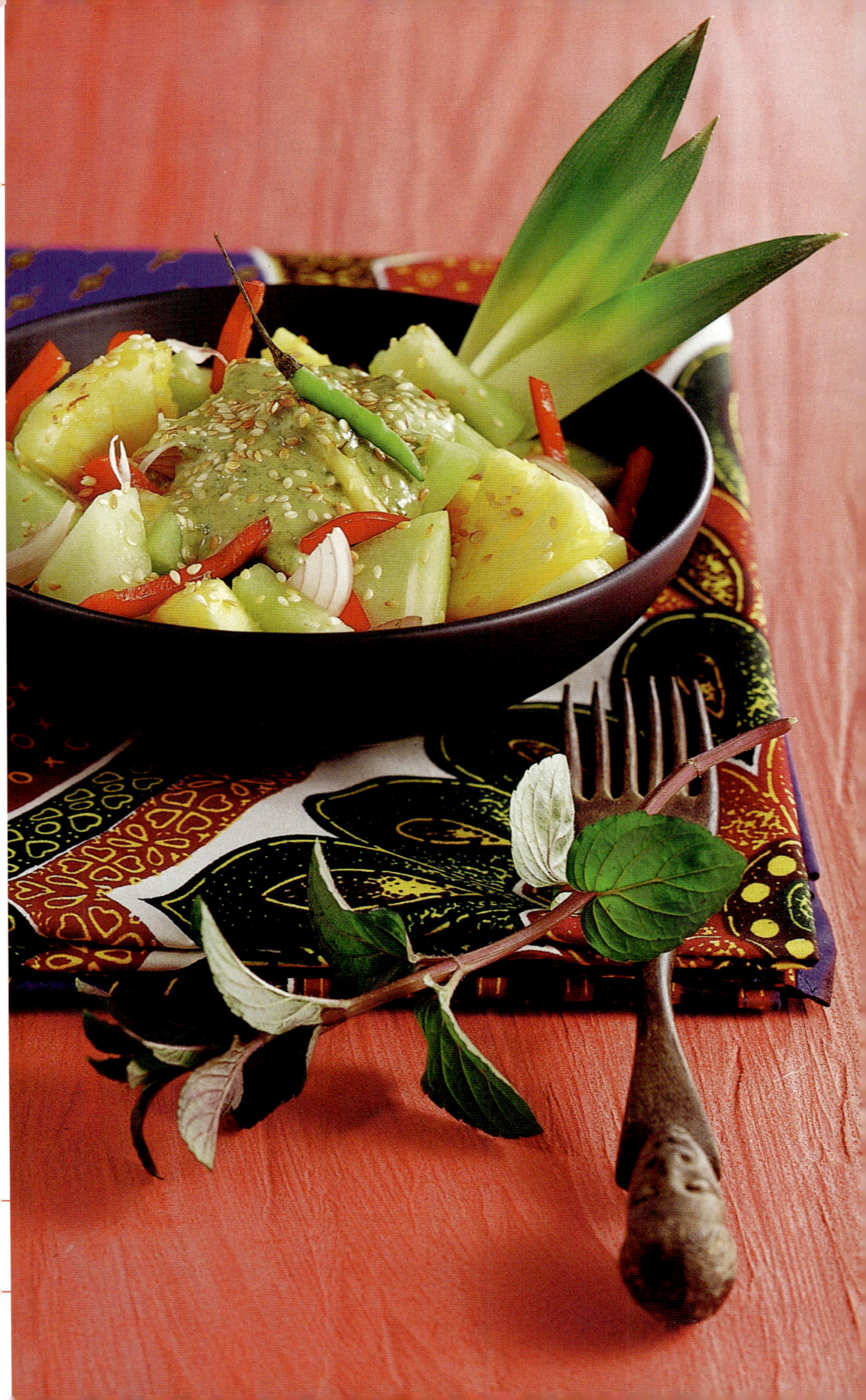

Soupe de haricots «Zanzibar»

TANZANIE

4 portions comme accompagnement

100 g de haricots blancs, secs
1 branche de céleri
1 tomate
1 échalote, hachée
½ gousse d'ail, pressée
un morceau de cannelle de 5 cm
2 clous de girofle
1 cs d'huile d'arachide
¼ de cc de curcuma en poudre
5 dl de bouillon de légumes
2 cc de gingembre frais, râpé
½ poivron rouge
½ poivron vert
300 g de grains de maïs (en boîte)
sel
poivre noir du moulin

1 La veille, mettre les haricots à tremper dans de l'eau froide pendant la nuit (12 heures).

2 Le jour même, tailler le céleri en menus dés. Inciser la tomate en croix, l'ébouillanter jusqu'à ce que la peau commence à se décoller. La rafraîchir sous l'eau froide, la peler, l'épépiner et la couper en dés.

3 Faire revenir l'échalote, l'ail, le céleri, la cannelle et les clous de girofle dans l'huile chaude. Ajouter le curcuma, les dés de tomate et les haricots égouttés et faire brièvement revenir le tout. Mouiller avec 3 dl de bouillon, couvrir et laisser frémir env. 30 minutes jusqu'à ce que les haricots soient cuits.

4 Retirer la cannelle et les clous de girofle et ajouter le gingembre. Mixer la soupe. Ajouter les 2 dl de bouillon restants et allonger éventuellement avec un peu d'eau jusqu'à la consistance souhaitée.

5 Tailler les deux demi-poivrons en dés de 0,5 cm et les ajouter à la soupe avec les grains de maïs. Porter à ébullition et laisser mijoter 10 minutes à feu doux. Saler et poivrer.

SUGGESTION
Les haricots secs sont un élément important de la nourriture africaine. A raison, car ce sont d'excellentes sources de protéines et de glucides qui se conservent sans problème.

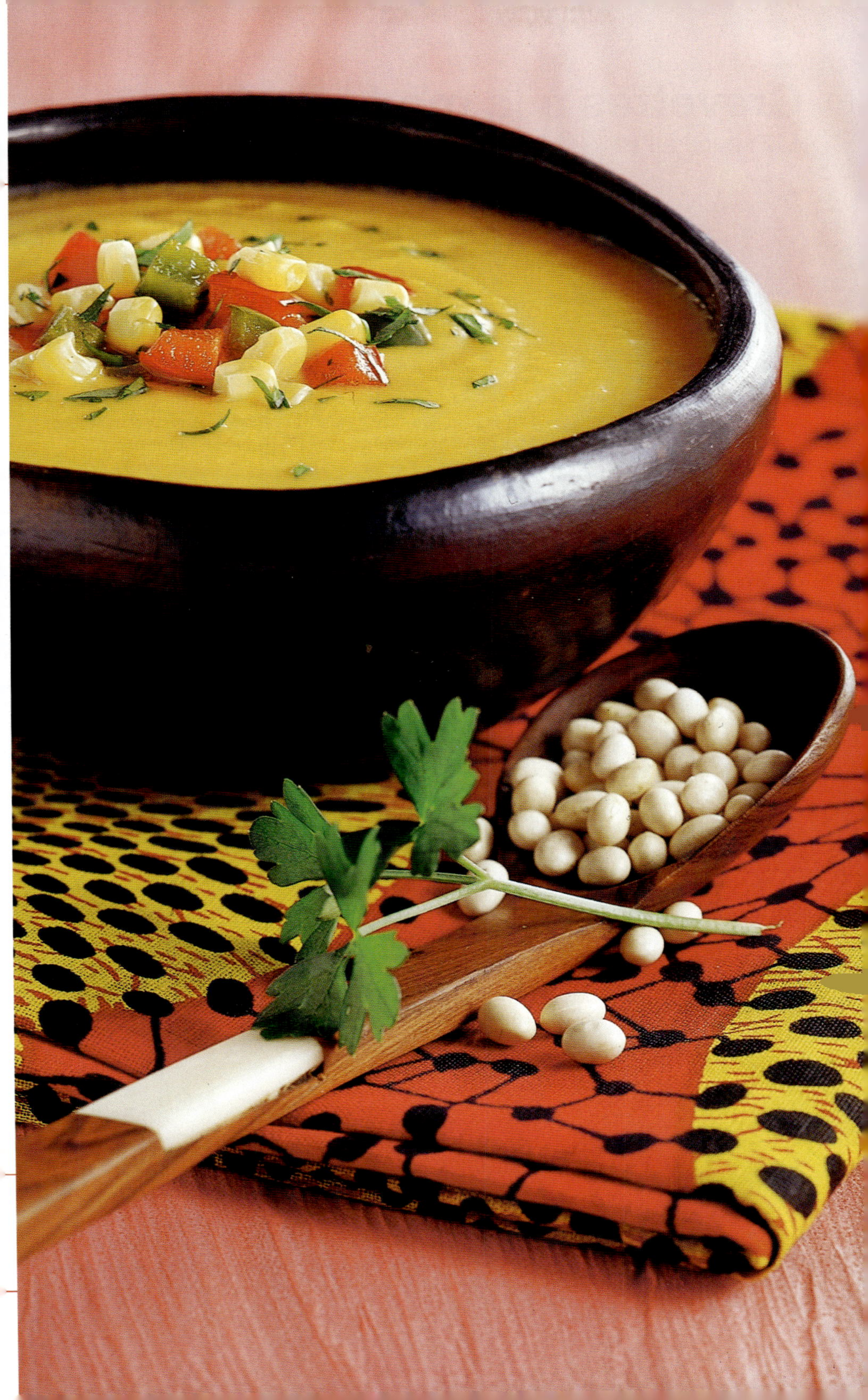

Crevettes à la mode de Dakar
à la sauce à l'ail

SÉNÉGAL

4 portions comme plat principal

800 g de grosses crevettes entières, crues

2 cs de beurre

1 cs de gingembre frais, râpé

Sauce

1 piment rouge

100 g de beurre

2 gousses d'ail, pressées

1 cs de gingembre frais, râpé

1 cs de persil plat, haché

½ citron, jus

sel

poivre noir du moulin

1 Rincer les crevettes, les poser sur l'abdomen et les couper en deux dans la longueur (de préférence avec un couteau à pain). Retirer le boyau intestinal (fil noir). Beurrer légèrement un grand plat à gratin peu profond. Y ranger les crevettes, côté chair vers le haut, et les parsemer de gingembre et de noisettes de beurre. Préchauffer le four à 250 °C.

2 Pour la sauce, fendre le piment en deux, l'épépiner et le hacher. Faire fondre le beurre à feu doux. Ajouter le piment, l'ail et le gingembre. Retirer la casserole du feu, y mélanger le persil et assaisonner avec jus de citron, sel et poivre.

3 Glisser le plat des crevettes dans le haut du four et laisser cuire 4 minutes. Eteindre le serpentin du gril et laisser le plat encore 4 minutes dans le four.

Servir avec la sauce et du riz ou des galettes de pain.

SUGGESTION
Dans cette recette, le temps de cuisson dépend de la taille des crevettes. Il ne faut pas les faire cuire trop longtemps sinon elles deviennent dures et sèches. Plutôt que des crevettes entières, vous pouvez employer 600 g de crevettes crues étêtées.

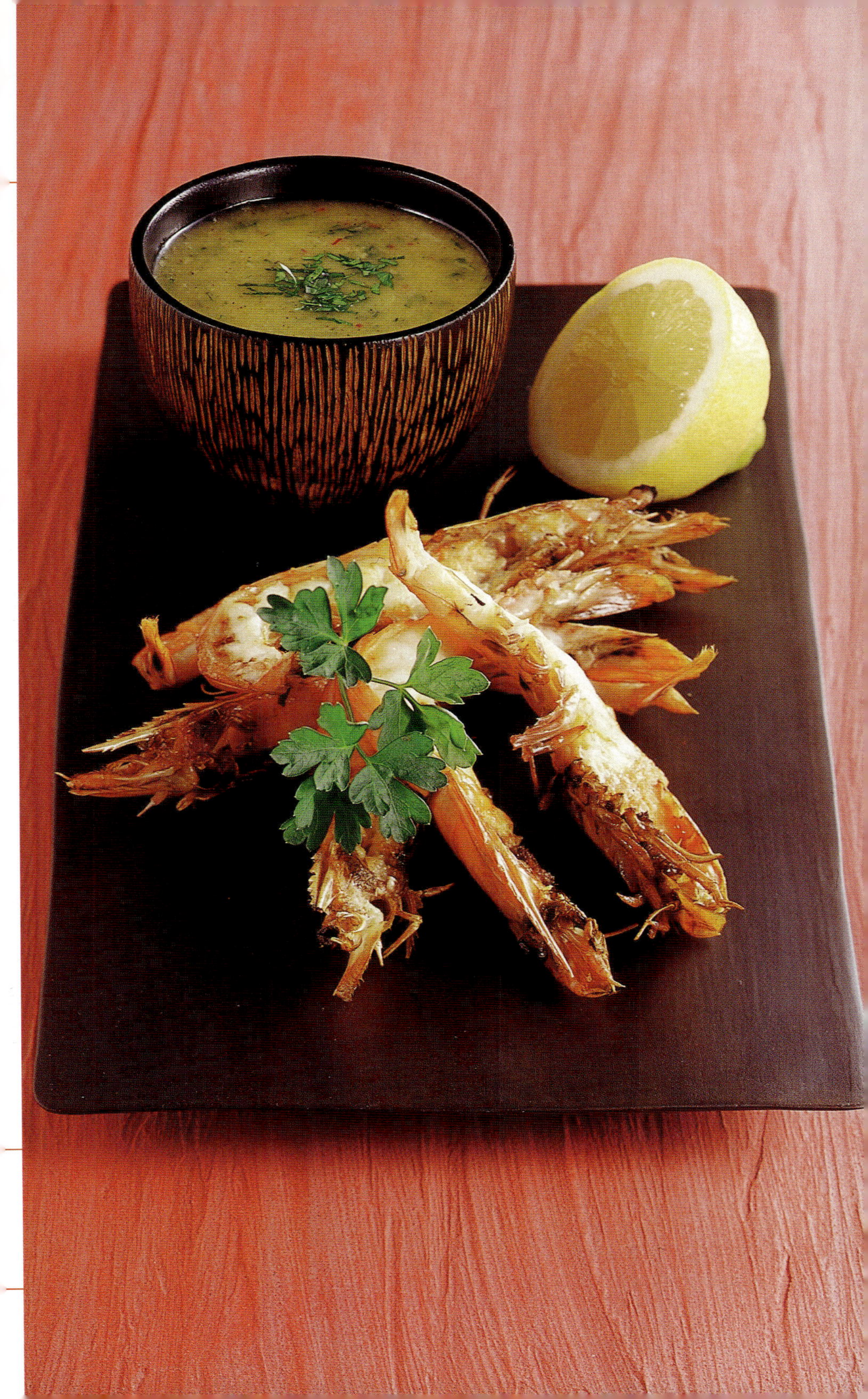

Tiéboudienne
Roulés de poisson et riz à la tomate

SÉNÉGAL

4 portions comme plat principal

Farce
1 piment rouge
6 filets d'anchois (en boîte)
1 feuille de laurier
1 cs d'huile d'olive
2 gousses d'ail, pressées
2 échalotes, hachées
1 cs de chapelure
½ citron vert, jus
3 cs de persil plat, haché

600 g de filets de poisson: limande-sole, flet ou sole
sel
poivre noir du moulin
env. 12 cure-dents en bois

2 aubergines
2 cs d'huile d'olive
¼ de cc de cumin en poudre

Riz à la tomate
200 g de tomates
2 branches de céleri
2 oignons nouveaux
1 cube de bouillon de légumes
5 dl d'eau
1 cs d'huile d'olive
1 gousse d'ail, pressée
1 clou de girofle
300 g de riz à grains longs ou mi-longs, par ex. Carolina

1 Pour la farce du poisson, fendre le piment en deux et l'épépiner. Eponger les filets d'anchois avec du papier absorbant. Hacher finement le piment, les anchois et le laurier. Faire revenir dans l'huile chaude avec l'ail, les échalotes et la chapelure. Retirer du feu, y mélanger le jus de citron vert et le persil, puis laisser refroidir.

2 Eponger les filets de poisson et les couper en deux dans la longueur. Les masquer d'une fine couche de farce et enrouler en partant du côté le plus large. Fixer avec un cure-dent, couvrir et placer au réfrigérateur.

3 Débiter les aubergines en dés de 2 cm, les saler et laisser dégorger.

4 Pour le riz, inciser les tomates en croix, les ébouillanter jusqu'à ce que la peau commence à se décoller. Les rafraîchir sous l'eau froide, les peler, les épépiner et les couper en dés. Tailler le céleri en menus dés. Couper la partie verte des oignons en rondelles et le bulbe en gros morceaux. Plonger le cube de bouillon dans l'eau et porter à ébullition.

5 Faire revenir dans l'huile l'ail, le bulbe des oignons, le céleri et le clou de girofle. Y verser le riz en pluie et laisser revenir jusqu'à transparence. Ajouter les tomates et le bouillon, porter à ébullition, puis laisser cuire le riz à demi-couvert durant env. 10 minutes jusqu'à ce que presque tout le liquide soit évaporé. Y mélanger ensuite le vert des oignons. Saler et poivrer les filets de poisson, les poser sur le riz, couvrir et laisser étuver à feu doux pendant 10 minutes.

6 Entre-temps, mettre les dés d'aubergine dans une passoire et les rincer, les éponger et les mélanger avec l'huile dans un saladier. Les faire dorer à la poêle, sans ajouter d'huile, et les relever avec le cumin.

Dresser le riz et les roulés de poisson sur le plat de service et répartir les dés d'aubergine à côté.

SUGGESTION
Le tiéboudienne (que l'on écrit de diverses façons) est l'un des plats préférés des Sénégalais: il se compose de poisson farci d'une pâte épicée, de légumes et de riz. La recette ci-dessus a été largement adaptée pour faciliter sa préparation, elle ne prétend pas à une parfaite authenticité!

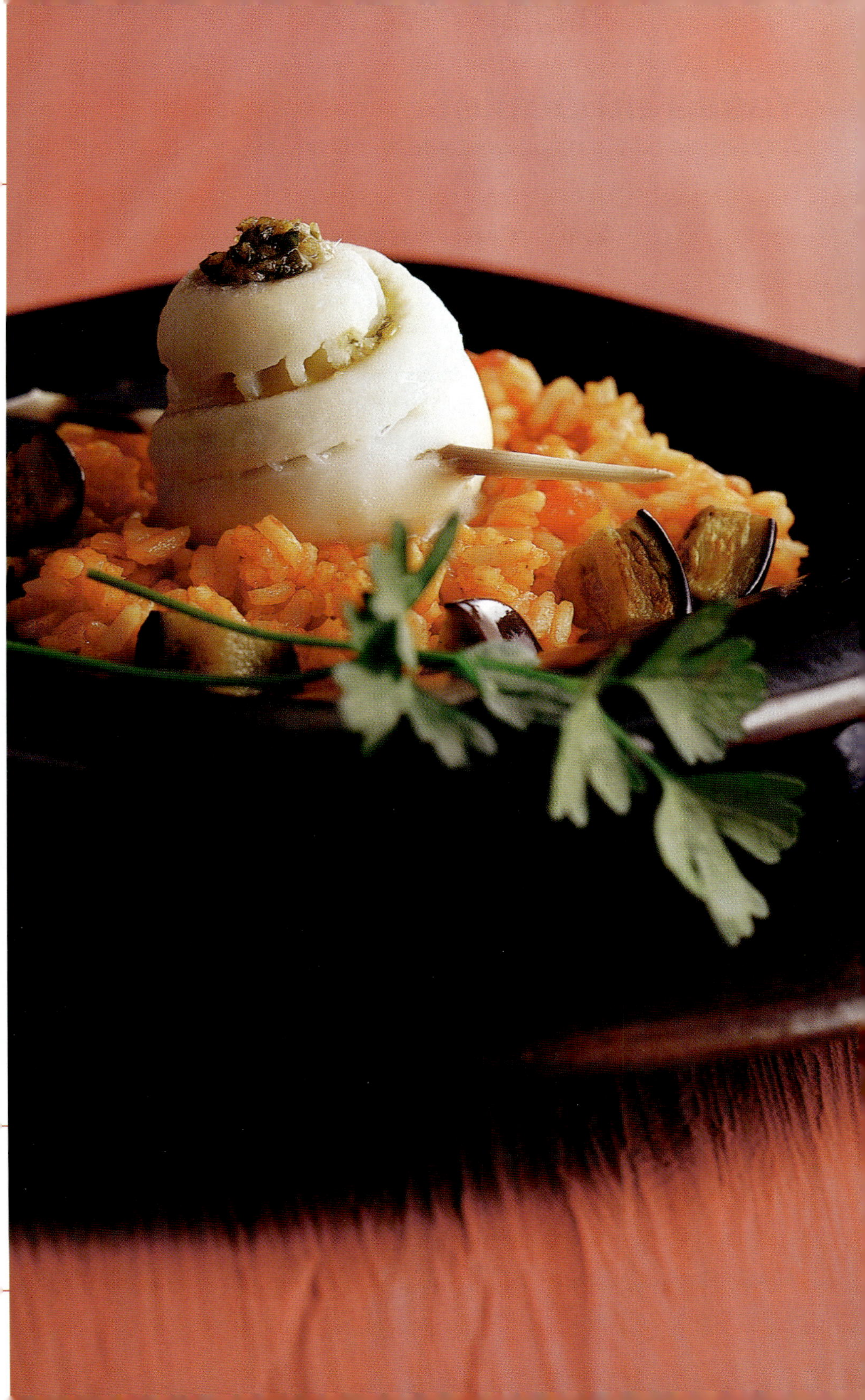

Yassa au poulet
Cuisses de poulet aux oignons et au citron

SÉNÉGAL

4 portions comme plat principal

Marinade

2-3 citrons

2 cs de moutarde, mi-forte

1 piment rouge

poivre noir du moulin

½ cc de sucre

1 pincée de clous de girofle en poudre

3-4 oignons (240 g)

4-8 cuisses de poulet (800 g)

sel

1-2 cs d'huile d'arachide

1 dl d'eau

1 Pour la marinade, exprimer le jus des citrons (1,2 dl) et le mélanger avec la moutarde. Fendre le piment en deux, l'épépiner, le hacher et l'ajouter. Assaisonner avec poivre, sucre et clous de girofle en poudre. Eplucher les oignons, les débiter en rondelles d'env. 3 mm et les étaler dans un grand plat. Rincer les cuisses de poulet, les éponger avec du papier absorbant, les déposer sur le lit d'oignons et arroser de marinade. Placer au moins 1 heure au réfrigérateur en arrosant la viande de marinade de temps en temps.

2 Egoutter les cuisses de poulet et les éponger avec du papier absorbant. Les saler et les saisir entièrement dans de l'huile chaude jusqu'à ce qu'elles soient dorées. Les sortir et les réserver.

3 Mettre les oignons dans le même faitout, avec la marinade, et les laisser cuire jusqu'à ce qu'ils soient ramollis et transparents. Saler légèrement. Y verser 1 dl d'eau, poser les cuisses de poulet dessus, couvrir et laisser mijoter durant au moins 30 minutes à feu doux. Ajouter un peu d'eau si nécessaire car le poulet doit cuire dans un léger mouillement. Saler et poivrer.

Servir avec du riz.

SUGGESTION
Le yassa est l'un des plats nationaux du Sénégal.

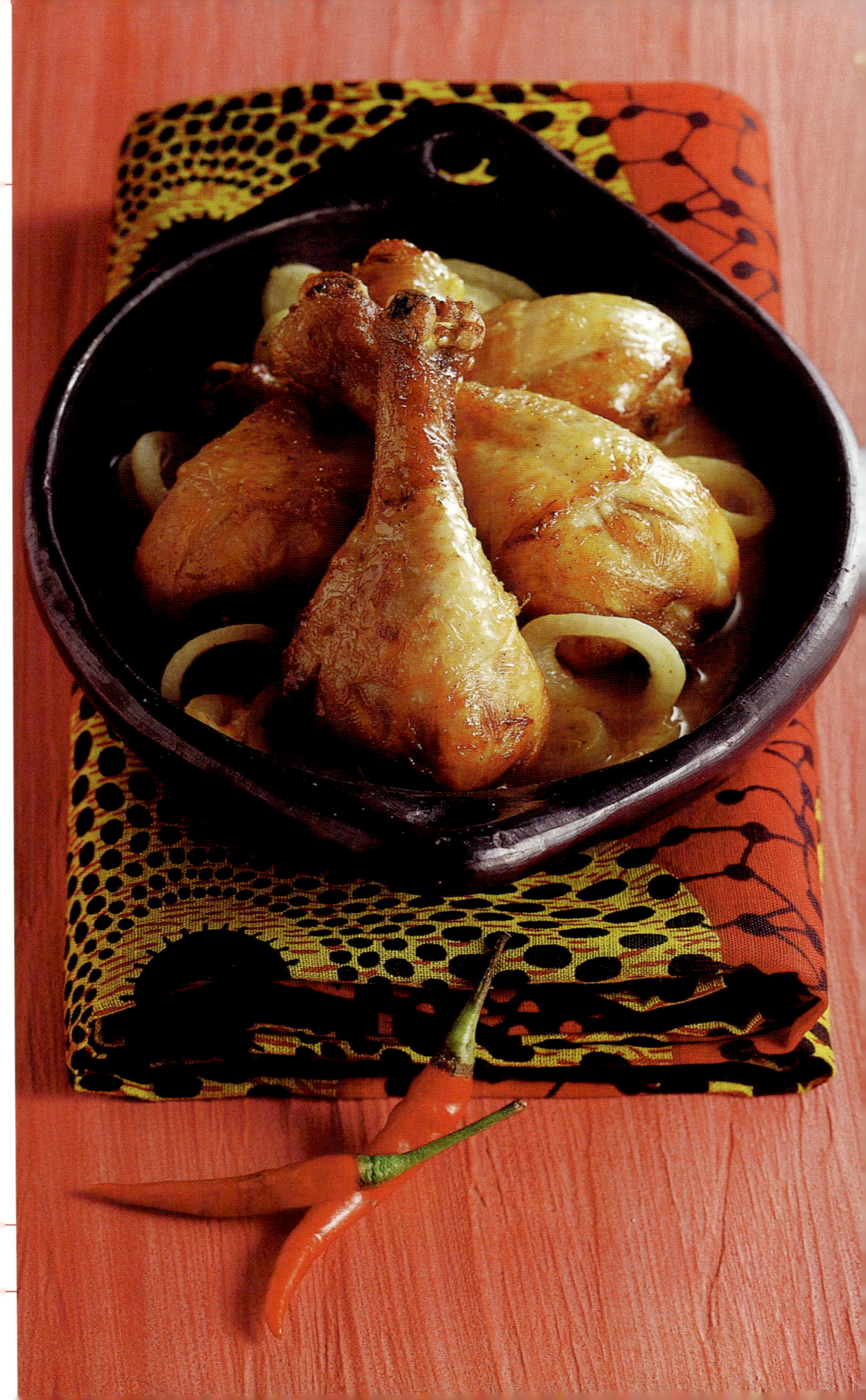

Morogo
Légumes-feuilles et cacahuètes

MOZAMBIQUE

4 portions comme accompagnement

500 g d'épinards en branches
50 g de cacahuètes, grillées
400 g de tomates
1 gousse d'ail, pressée
1 oignon, haché
1 cs d'huile d'arachide
4 cs d'extrait de noix de coco (en boîte)
sel
poivre noir du moulin

1 Laver les épinards et les égoutter légèrement. Les faire revenir par portions dans une grande marmite jusqu'à ce qu'ils ramollissent. Les retirer du feu, les laisser tiédir et les hacher grossièrement. Jeter le liquide de cuisson. Hacher grossièrement les cacahuètes. Inciser les tomates en croix, les ébouillanter jusqu'à ce que la peau commence à se décoller. Les rafraîchir sous l'eau froide, les peler, les épépiner et les couper en dés.

2 Faire suer l'ail et l'oignon dans l'huile chaude. Y ajouter l'extrait de noix de coco, les cacahuètes, les tomates et les épinards. Faire chauffer, mais sans laisser cuire. Saler et poivrer.

Servir comme légume d'accompagnement.

SUGGESTION
Les légumes-feuilles jouent un rôle important dans la cuisine africaine. On utilise toutes les feuilles comestibles, y compris celles de plantes sauvages, le vert des betteraves et des patates douces, les feuilles des courges ou des côtes de bette. Les épinards d'hiver que l'on trouve chez nous sont parfaits pour cette recette. Si le temps manque, prenez des épinards en branches surgelés.

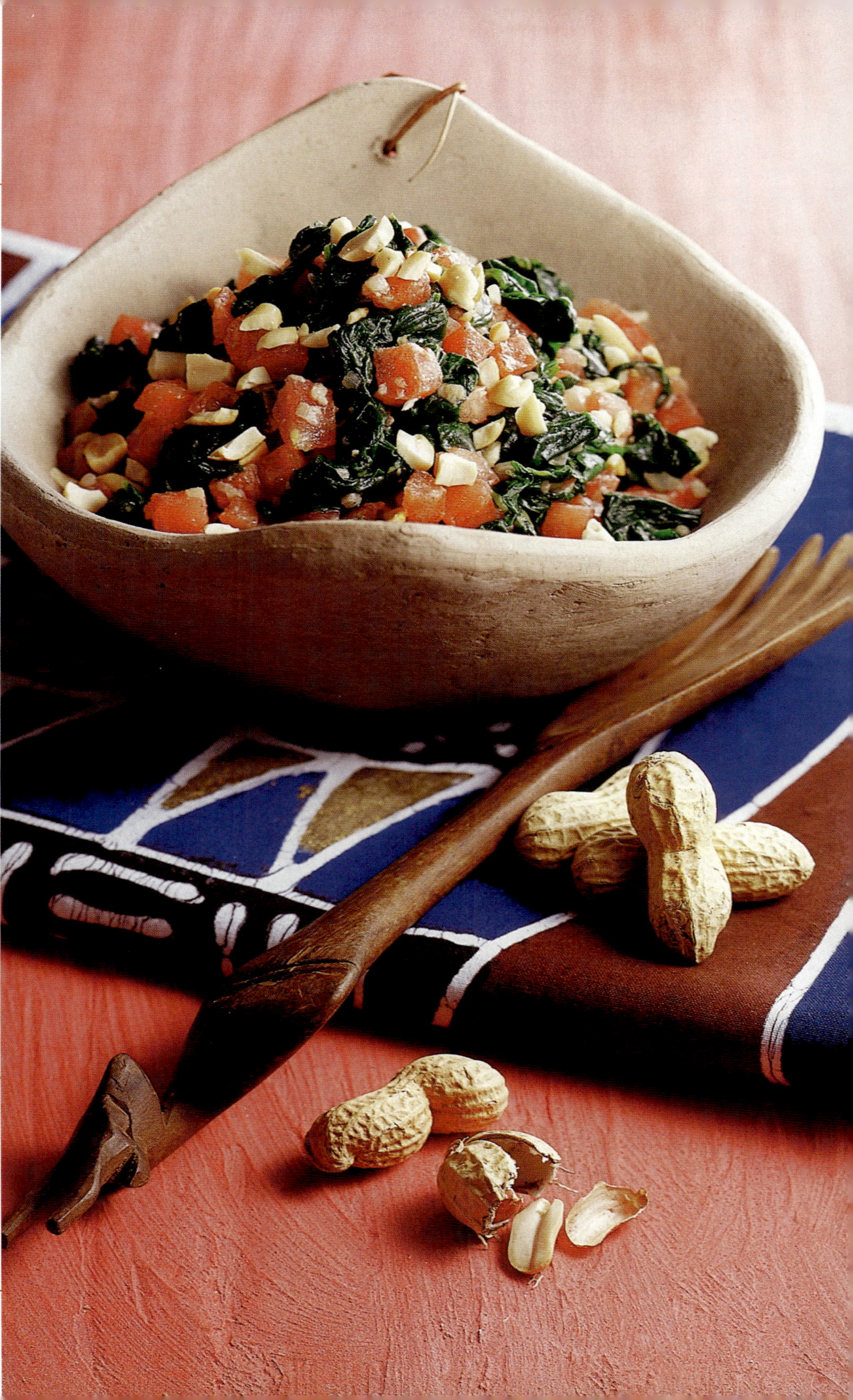

Plantain fritters
Galettes de bananes plantains

GHANA

4 portions comme accompagnement

2 bananes plantains (d'env. 300 g), plus tout à fait vertes
1 poivron rouge
3 cs de semoule de maïs, fine
½ oignon, haché
1 gousse d'ail, pressée
1 cs de gingembre frais, râpé
1-2 cc de sel

huile d'arachide pour la cuisson

1 Inciser la peau des bananes à l'aide d'un couteau et les éplucher sous l'eau courante. Les débiter en rondelles, puis les mixer. Tailler le poivron en dés minuscules et les ajouter à la purée de banane avec les autres ingrédients. Bien mélanger et assaisonner.

2 Prélever 2 cuill. à soupe de préparation et laisser glisser dans l'huile chaude. Former une galette et faire dorer des deux côtés. Cuire ainsi env. 12 galettes en tout.

Servir en accompagnement avec d'autres plats ou avec une salade comme repas léger.

SUGGESTION
On trouve des bananes plantains soit vertes (non mûres) soit avec une légère coloration (demi-mûres). Les galettes peuvent également être cuites au four préchauffé à 180 °C sur une plaque chemisée de papier sulfurisée et sans ajout de matière grasse.

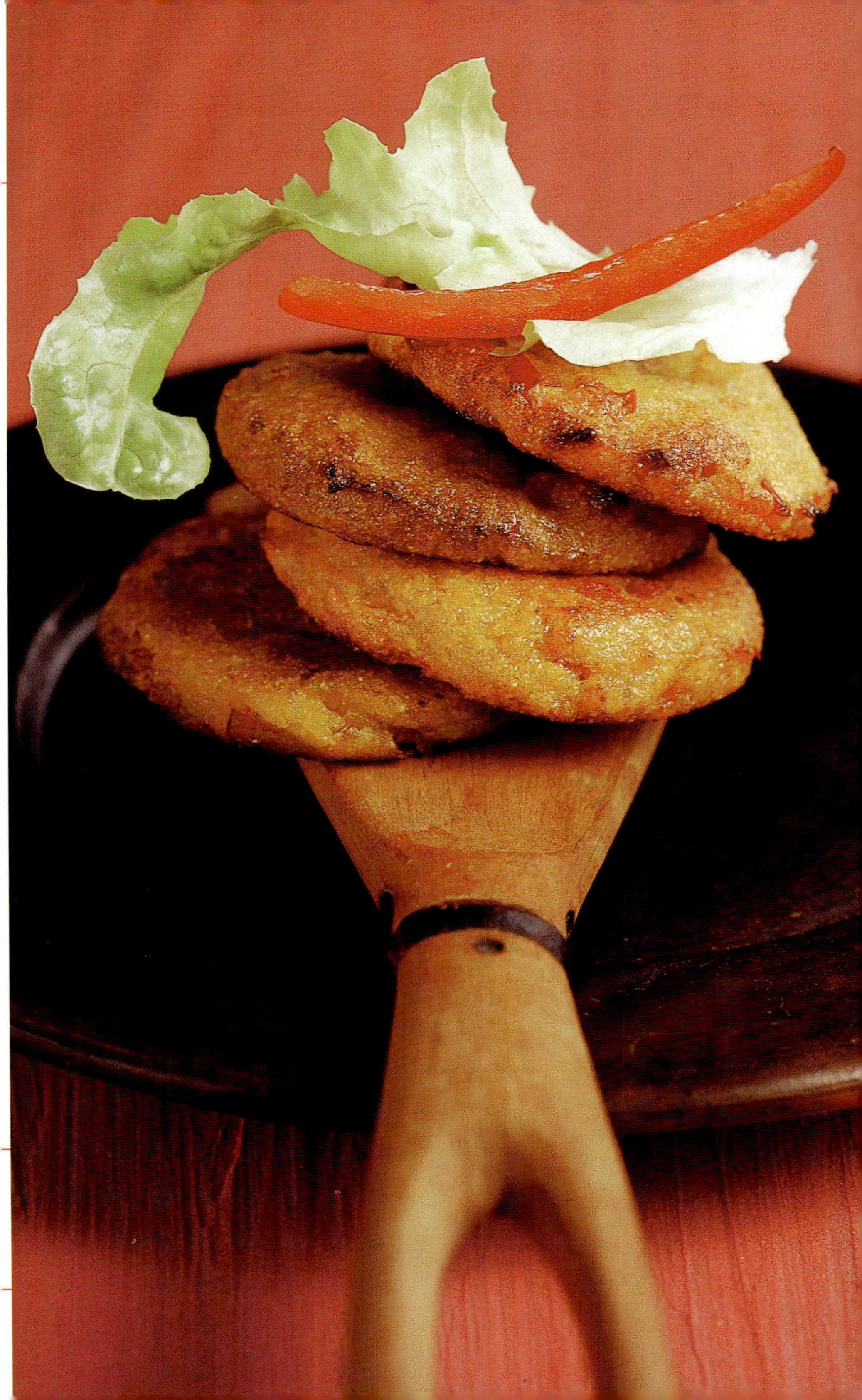

Crème au citron vert «Madagascar»
sur lit d'ananas

4 portions comme dessert

Crème
2 œufs
1 citron vert, zeste et jus
20 g de sucre glace
2 feuilles de gélatine
20 g de sucre

Ananas
½ gousse de vanille
4 cs de sucre glace
2 cs d'eau
½ citron vert, jus
0,5 dl d'eau
1 cs de beurre
1 ananas (600 g)

1 Pour la crème au citron vert, casser les œufs en séparant les blancs des jaunes et réserver les blancs. Râper le zeste du citron dans les jaunes, y ajouter le sucre glace et battre le tout au robot ménager jusqu'à obtention d'une crème claire et mousseuse. Plonger la gélatine 5 minutes dans de l'eau froide.

2 Exprimer le jus du citron et le faire tiédir dans une petite casserole. Y ajouter la gélatine non essorée et la délayer sans cesser de tourner. Y incorporer 2 cuill. à soupe de crème aux œufs, puis verser le tout dans la crème en mélangeant au fouet.

3 Monter les blancs d'œuf en neige ferme avec le sucre et y incorporer délicatement la crème aux œufs en soulevant. En remplir 4 petits moules d'env. 1,5 dl rincés à l'eau froide, les couvrir de film alimentaire et laisser prendre durant au moins 2 heures au réfrigérateur.

4 Pour la sauce, fendre la gousse de vanille et gratter la pulpe. Mélanger le sucre glace et l'eau, porter à ébullition et laisser cuire en caramel blond sur feu moyen. Allonger le caramel avec le jus de citron et l'eau (attention: la masse est brûlante!). Y ajouter la pulpe et la gousse de vanille et tourner à petit feu jusqu'à ce que le caramel soit entièrement délayé. Y incorporer le beurre au fouet et ne plus laisser bouillir. Retirer la gousse de vanille.

5 Eplucher l'ananas, le couper en deux dans la longueur, retirer le cœur et couper en tranches aussi fines que possible. Les dresser sur les assiettes en forme de fleur. Réchauffer la sauce et en arroser les tranches d'ananas. Plonger brièvement les moules dans de l'eau chaude, démouler les crèmes sur l'ananas et servir aussitôt.

SUGGESTION
L'ananas est délicieux accompagné de vanille, mais également de menthe (voir page 84).

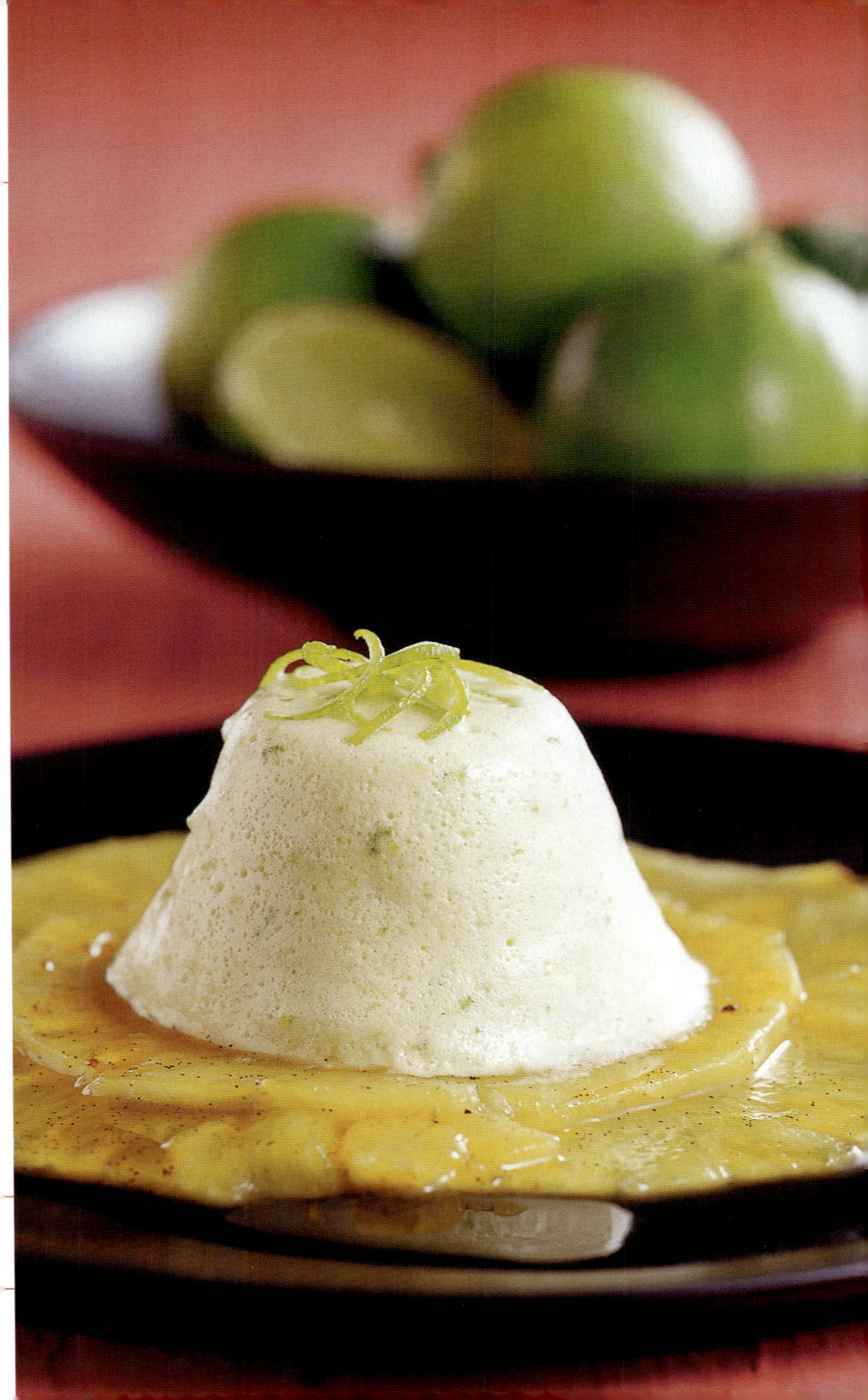

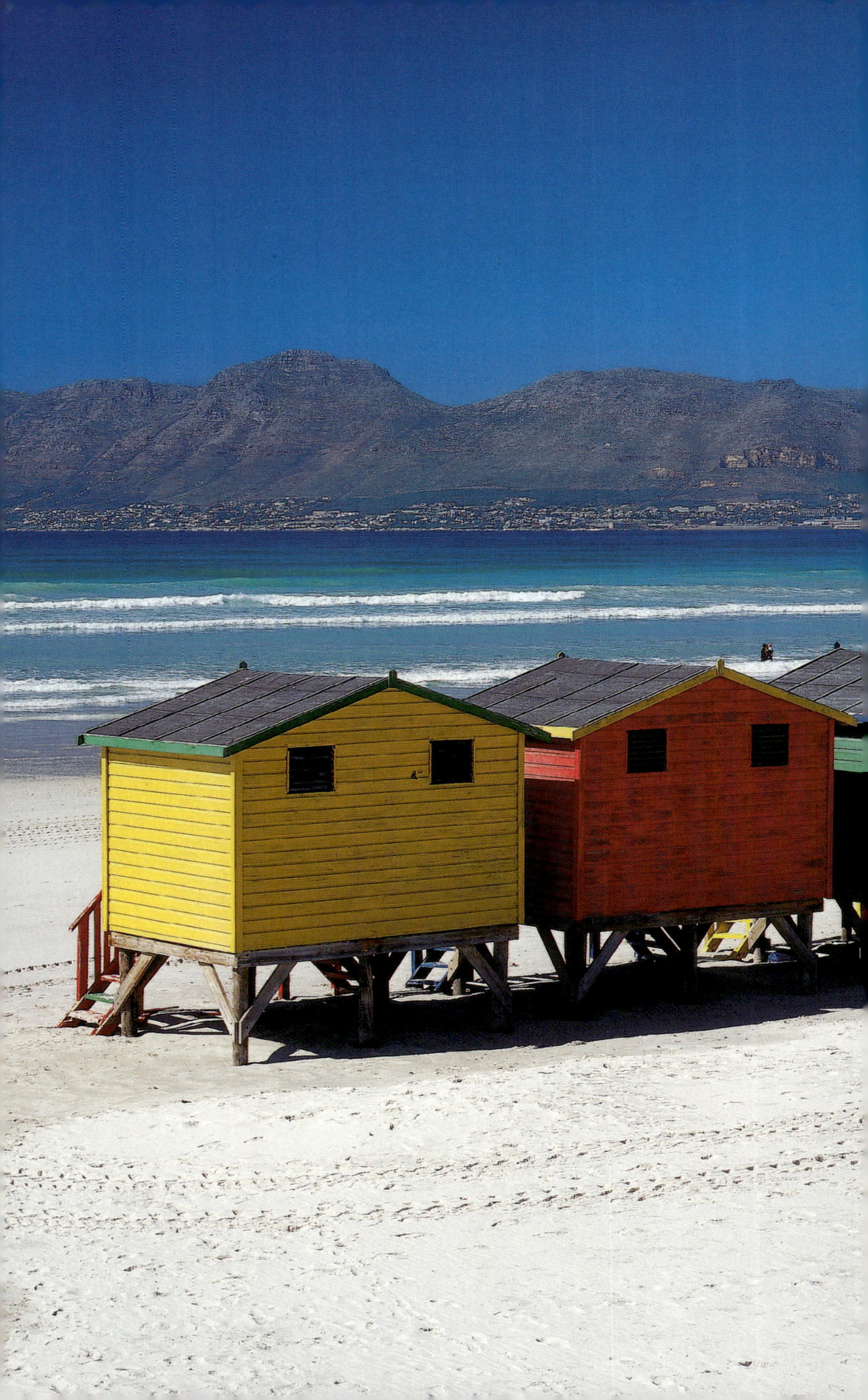

La cuisine du Cap

La joie de vivre sud-africaine

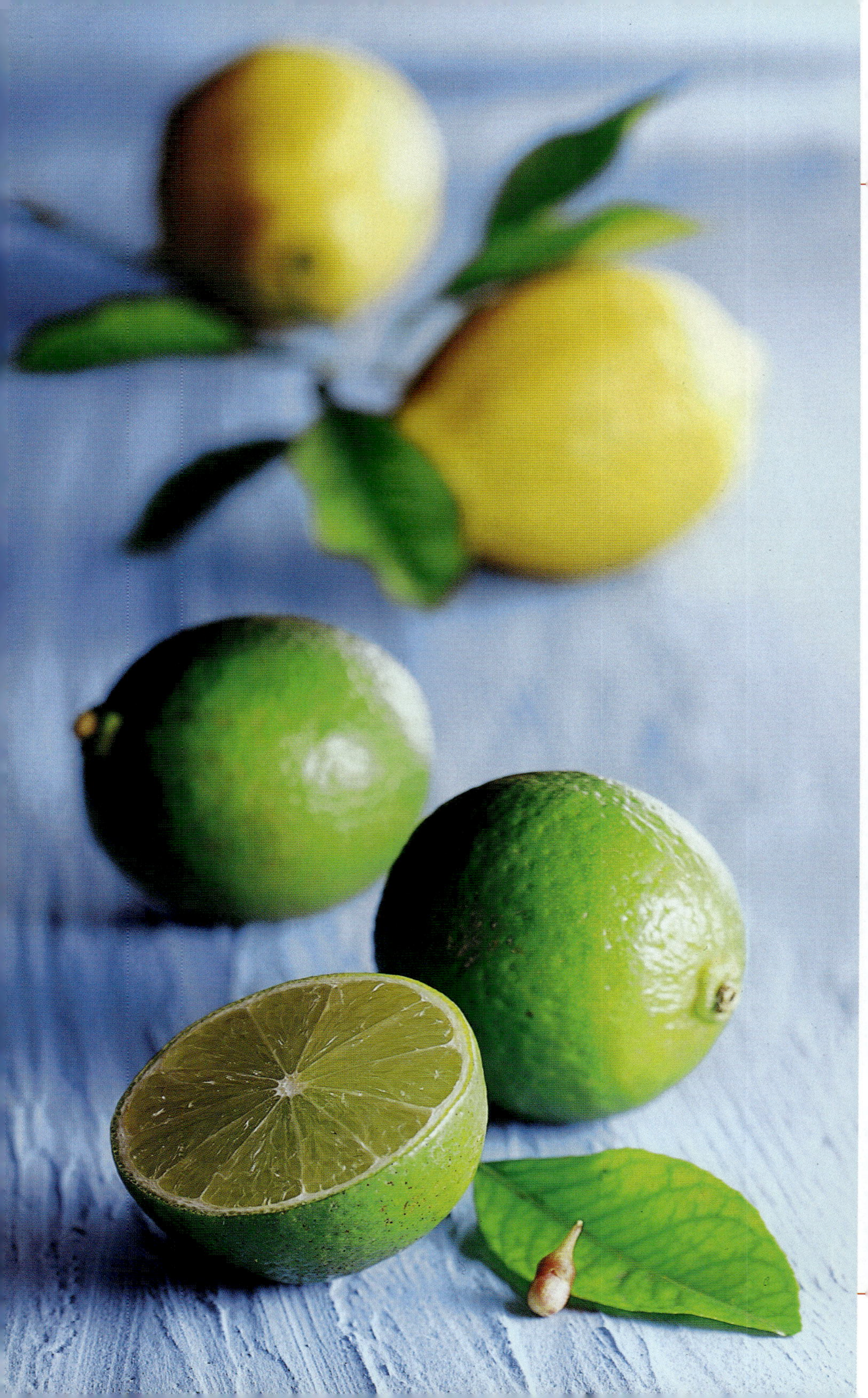

La joie de vivre sud-africaine

L'Afrique du Sud est renommée pour l'excellence de sa cuisine, même s'il ne s'agit pas forcément de sa cuisine traditionnelle. En effet, la véritable gastronomie sud-africaine n'a acquis une réputation qu'assez récemment, à l'occasion des Olympiades culinaires de 1992 qui ont vu le «Culinary Team» du Cap remporter le trophée mondial. Outre la cuisine traditionnelle, la cuisine d'Afrique du Sud comprend également celle des Malais du Cap, des Indiens, des Boers, etc.

La cuisine des Noirs
Le *mealie pap*, une purée de maïs, est incontestablement la nourriture de base des populations noires. S'y ajoutent des pommes de terre comme accompagnement et de la viande, généralement de l'agneau. Le *morogo*, qui remplace souvent la viande, est un ragoût de légumes composé de feuilles provenant de diverses variétés de plantes vertes sauvages.

La cuisine des Blancs
La majorité des habitants blancs d'Afrique australe sont de descendance européenne. Il y a les Boers, originaires des Pays-Bas, les Anglais, arrivés après les Hollandais, et les Allemands, établis en Namibie. Cette présence coloniale ainsi que l'immigration de nombreux Malais, Indiens et Portugais ont largement influencé la cuisine originelle des populations autochtones. De ces influences sont nés les plats les plus exotiques tels que le *denningvleis*, un plat d'agneau malais, les *bredies* qui sont des ragoûts de légumes, ou le *bobotie*, un gratin d'agneau au curry, le *biltong*, un bâton de viande de gibier séchée, sans oublier les *sosaties*, les fameuses brochettes d'agneau et d'abricots.

Les plaisirs du barbecue sud-africain
Le *braai*, ou barbecue traditionnel, est une véritable institution dans la région du Cap et une merveilleuse occasion de réunions conviviales. Des quantités énormes de viande de toutes sortes passent sur le gril et sont servies avec une profusion d'accompagnements. Les propriétés des Sud-Africains aisés sont toutes équipées d'un barbecue fixe, assez grand pour nourrir une armée d'invités.

Terre de contrastes
Enchantement fleuri des jacarandas dans les provinces du Nord et aridité totale du désert du Kalahari. Montagnes du Dragon aux pentes abruptes et douces collines plantées de vignobles des Winelands de la région du Cap. Hôtels de luxe des alentours de Capetown et non loin de là, townships des Noirs pauvres avec leurs cabanes en tôle ondulée. Féerie des couleurs des dunes de sable dans le désert de Namib… et tant d'autres merveilles.

Une table généreuse
L'Afrique du Sud offre de tout et en abondance: viandes, poissons, légumes ou fruits, il y en a pour tous les goûts. Les Sud-Africains aiment par-dessus tout la viande d'agneau qu'ils préparent de mille manières. Le poisson, toujours le plus frais possible, provient soit des régions côtières soit des lacs, par exemple le lac Malawi. Trois variétés de céréales prédominent: le maïs, le millet et le blé. La diversité des légumes est infinie et les fruits, dont le plus célèbre chez nous est le physalis ou groseille du Cap, y sont abondants et délicieux. La région viticole la plus renommée s'étend tout autour de Capetown: le Chardonnay et le Sauvignon blanc élevés en fût de chêne comptent parmi les vins blancs sud-africains les plus appréciés de par le monde. Des cépages tels que le Pinotage, le Cabernet, le Merlot et le Shiraz y prospèrent également et donnent d'excellents vins rouges.

Un kaléidoscope de saveurs
La cuisine des pays d'Afrique australe est plus colorée qu'un arc-en-ciel. Laissez-vous séduire par les nombreuses influences ethniques et culturelles qui la nourrissent!

Patates douces

Extrait de tamarin

Feuilles de limettier kaffir

Abricots séchés
La pulpe moelleuse des abricots séchés, à la fois sucrée et acidulée, permet aussi bien de les déguster nature que cuisinés. L'arôme délicat de ce fruit à noyau se marie également très bien avec les plats salés, par exemple les brochettes de la page 112.

Capsules de cardamome
La cardamome est l'une des plus anciennes épices employées et se place au troisième rang mondial au niveau de la cherté après le safran et la vanille. Les graines très aromatiques sont enveloppées dans des capsules vertes. On les débarrasse de leur enveloppe presque aussi fine que du papier au dernier moment, puis on les écrase finement. On peut également fendre les capsules, les faire cuire entières avec le plat, puis les retirer avant de servir. L'arôme doux-piquant, rond et chaleureux de la cardamome se marie parfaitement à de nombreux plats, des desserts jusqu'à la viande et au poisson.

Courge
Légume très apprécié en Afrique. Polyvalentes, les nombreuses variétés de courges africaines se conservent très bien et sont l'un des aliments de base du continent. Lorsque l'on a employé la chair, on se sert de l'écorce du légume comme calebasse.

Cumin
Le véritable cumin se distingue nettement de notre carvi (ou «cumin des prés»), qui ne peut en aucun cas remplacer cette épice orientale.

Curcuma
Cette poudre d'un jaune intense est un ingrédient de base des mélanges de curry. Outre ses qualités colorantes, cette épice est également appréciée pour ses vertus digestives. Le curcuma peut remplacer le safran pour la couleur, mais en aucun cas pour le goût.

Extrait de tamarin
Ce concentré de légumineuse contient un acide fruité qui permet non seulement d'aro-

ombos

Abricots séchés

Capsules de cardamome

matiser, mais également de conserver. Si l'extrait contient des graines, il faut le ramollir dans un peu d'eau chaude avant utilisation et le presser à travers un tamis.

Feuilles de limettier kaffir
Ces feuilles, à la curieuse forme dédoublée, possèdent un arôme très rafraîchissant et citronné tout comme le jus et le zeste de la lime kaffir. On trouve les feuilles de limettier kaffir dans les épiceries asiatiques. On peut employer les feuilles de citronnier de la même façon.

Garam masala
Ce mélange d'épices aromatique, apporté par les immigrants indiens, est présent depuis fort longtemps dans la cuisine sud-africaine. A base de coriandre et de cumin, il est additionné d'épices douces telles que cardamome, macis, clous de girofle et cannelle. Les épices indiennes, accompagnées des influences malaises, enrichissent aujourd'hui l'incroyable diversité des épices que l'on emploie dans la cuisine du Cap.

Gombos
Le gombo est originaire d'Ethiopie est fait partie des plus anciens légumes consommés. Ses gousses, dont la saveur évoque celle des haricots verts, sont généralement braisées ou étuvées. Lorsqu'on fait cuire les gombos, il s'en dégage un suc gluant qui n'est pas toujours apprécié. Nous avons évité cet inconvénient dans notre recette de la page 128.

Patates douces
Ces tubercules ont une peau rougeâtre et une chair saumon. Ils n'ont en réalité que peu de rapport avec la pomme de terre, car ils ne sont pas de la famille des solanacées. Leur taille et leur saveur douce les éloignent également de notre légume familier. En ce qui concerne toutefois la teneur en amidon, la tenue à la cuisson et sa durée, les patates douces sont comparables aux pommes de terre et peuvent être, comme elles, cuites à la poêle, au four ou frites sous forme de chips.

Chips'n'lime
Chips de patate douce et sauce au citron vert

AFRIQUE DU SUD

4-6 portions comme snack

Sauce
2 citrons verts, zeste et jus
100 g de sucre glace
½ cc de piments entiers séchés, broyés
1,5 dl d'eau

4 patates douces (env. 500 g)

huile d'arachide pour la friture
sel

1 Pour la sauce, râper le zeste des citrons verts et exprimer le jus. Porter à ébullition avec le sucre glace, le piment et l'eau. Laisser frémir au moins 5 minutes jusqu'à ce que le liquide ait une consistance sirupeuse. Verser dans une petite coupe.

2 Eplucher les patates douces. Les couper en rondelles de 2-3 mm et les éponger entre deux feuilles de papier absorbant. Les frire une première fois dans l'huile chauffée à 190 °C, par portions, durant 2 minutes. Les sortir de l'huile et dès que celle-ci a de nouveau atteint une température de 190 °C, les y replonger pendant 3 minutes, jusqu'à ce qu'elles soient bien dorées et croustillantes. Egoutter sur du papier absorbant, saler et servir avec la sauce au citron vert.

SUGGESTION
Ce snack est également souvent servi lors du traditionnel barbecue sud-africain (voir page 110).

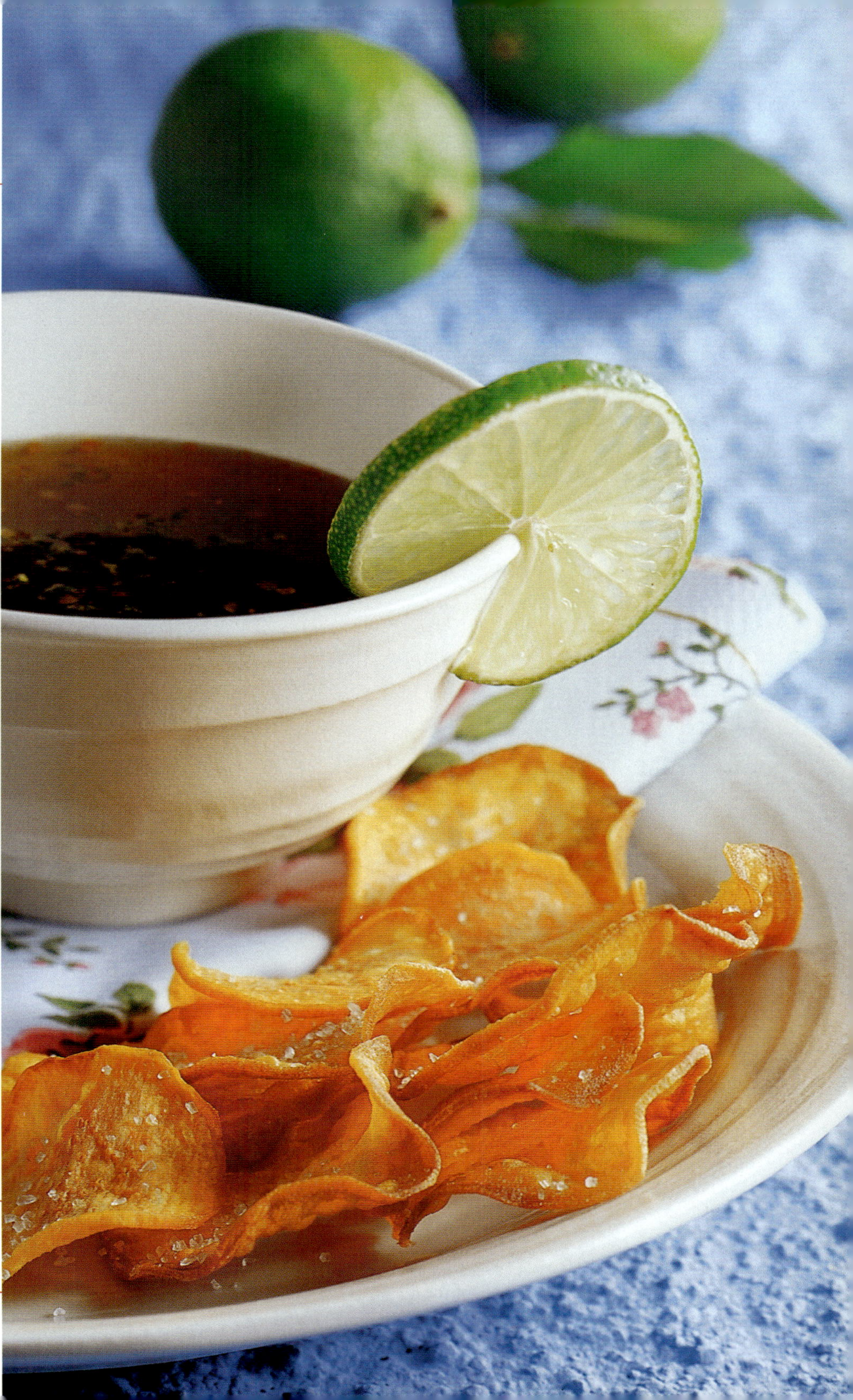

Mango salad «Port Elizabeth»
Salade de mangue et de concombre

AFRIQUE DU SUD

4 portions en entrée
ou en accompagnement

Sauce

1 piment rouge

2 cs d'extrait de noix de coco (en boîte)

½ cs de mayonnaise

1 cc de moutarde, mi-forte

1 cc de sauce soja

½ gousse d'ail, pressée

½ citron vert, jus

1 cc de sucre de canne

sel

poivre noir du moulin

1 cs de pignons

1 mangue mûre (350 g)

1 concombre à salade (250 g)

100 g de tomates cerises

1 botte de ciboulette

1 Pour la sauce, fendre le piment, l'épépiner et le hacher. Le mélanger avec les autres ingrédients jusqu'à obtention d'une sauce onctueuse et assaisonner bien relevé.

2 Faire dorer les pignons à sec dans une poêle antiadhésive.

3 Eplucher la mangue. Détacher la chair du noyau en la coupant en petits morceaux. Eplucher le concombre, le couper en deux dans la longueur, l'épépiner et le détailler en bâtonnets. Couper les tomates en deux ou en quatre. Ciseler la ciboulette. Mettre le tout dans un saladier, mélanger avec la sauce et parsemer de pignons.

Servir en accompagnement avec d'autres plats ou en entrée.

SUGGESTION
Les salades fruitées sont particulièrement rafraîchissantes dans la chaleur africaine et figurent donc souvent au menu.

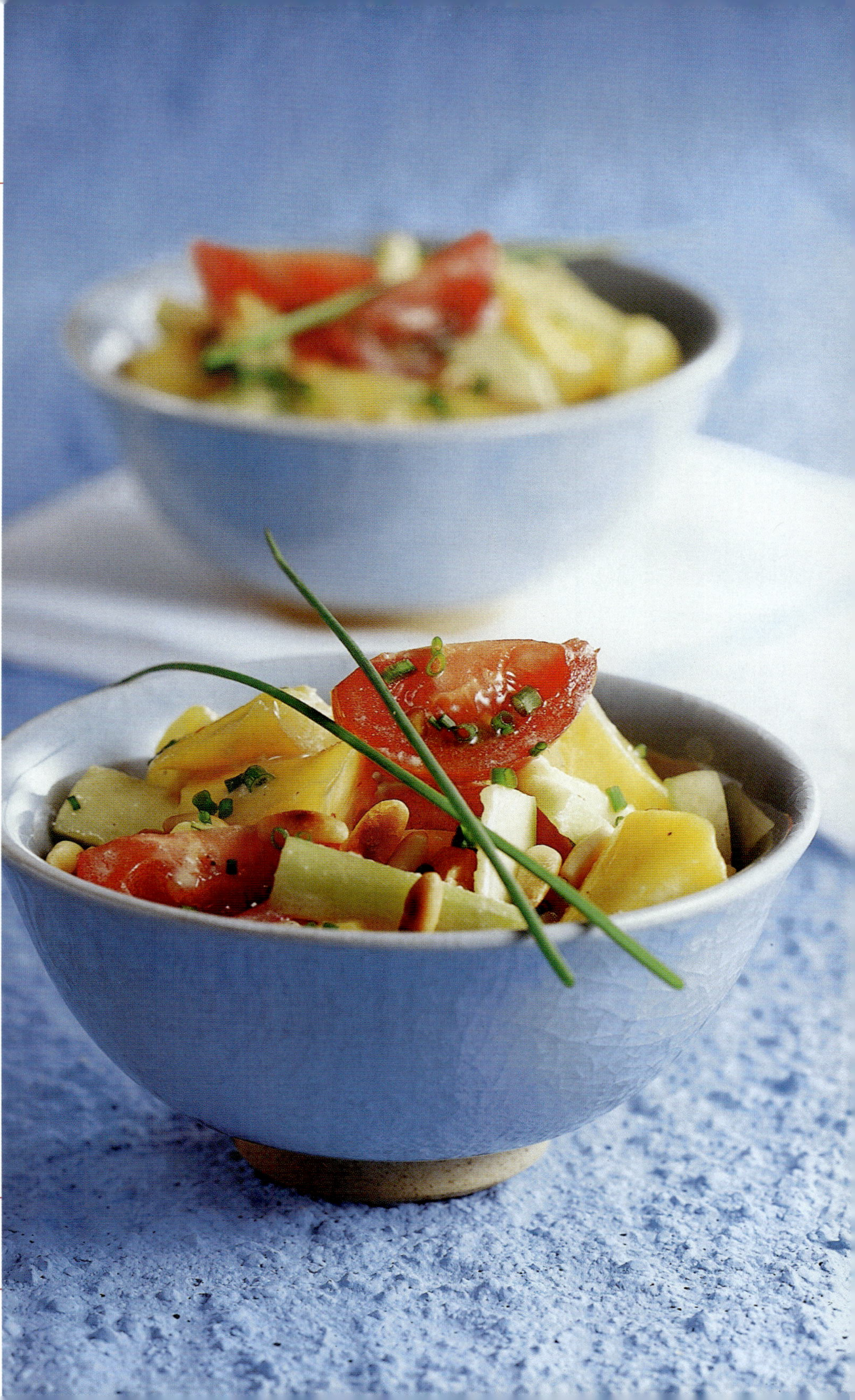

Braai 1: Seasoning
Marinades pour grillades et sauce barbecue

AFRIQUE DU SUD

Marinade épicée

3 branchettes de thym, effeuillées

1 cc d'aiguilles de romarin, hachées

2 cs de moutarde, mi-forte

1 cs de concentré de tomates

1 gousse d'ail, pressée

1 cs de sauce soja

1 cc de sauce Worcestershire

1/2 cc de poivre noir du moulin

1/4 de cc de piment en poudre

1/2 cs de porto rouge ou de cognac (facultatif)

Marinade au miel et à la bière

2 dl de bière blonde (éventuellement sans alcool)

1 dl de jus d'orange

2 cs de vinaigre de vin blanc

2 cs de miel liquide

1 cs de moutarde, mi-forte

2 cs d'estragon, feuilles hachées

Sauce BBQ

1 échalote, hachée

1 gousse d'ail, pressée

1 cc de gingembre frais, râpé

1 cc de miel liquide

1 cs de moutarde, mi-forte

1 cc de sauce Worcestershire

2 cs d'huile d'olive

2 dl de ketchup

Braai: les grillades à la sud-africaine

Le traditionnel barbecue (BBQ) est l'élément incontournable de la cuisine du Cap et est également l'occasion de se retrouver entre amis parfois en réunion très importante. On fait griller de grandes quantités de viande de toutes sortes que l'on sert avec une abondance d'accompagnements (*toekos*). Nous avons choisi ici de vous présenter en détail la variété des marinades et accompagnements plutôt que les grillades elles-mêmes.

Vous pourrez désormais inviter vos amis non plus à de simples grillades, mais bien à un véritable *braai* sud-africain! Faites mariner les morceaux de bœuf, d'agneau ou de porc et accompagnez-les de délicieuses spécialités. Le tout sera servi avec du vin de la région du Cap ou avec de la bière.

Marinade épicée (au premier plan sur la photo)
Pour l'agneau, le porc ou le bœuf.
Mélanger soigneusement tous les ingrédients. Badigeonner la viande de marinade au pinceau et laisser macérer quelques heures. Ne saler la viande que juste avant de la poser sur le gril.

Marinade au miel et à la bière (au centre sur la photo)
Pour les travers de porc, la volaille, l'agneau ou le veau.
Mélanger tous les ingrédients. Mettre la viande dans un sachet plastique (voir suggestion), y verser la marinade, bien fermer et laisser mariner 3-6 jours au réfrigérateur. Ne saler la viande que juste avant de la poser sur le gril.

Sauce BBQ (à l'arrière-plan sur la photo)
Pour accompagner la viande épicée et grillée.
Mélanger tous les ingrédients et laisser reposer quelques heures.

SUGGESTION
La viande peut mariner dans un saladier en porcelaine ou en verre. Toutefois, les grosses pièces ne sont jamais entièrement recouvertes de marinade et doivent être régulièrement retournées. Si l'on met la viande dans un sachet plastique avec la marinade et que l'on referme le sachet avec aussi peu d'air que possible, la viande est bien marinée et il est inutile de la retourner.

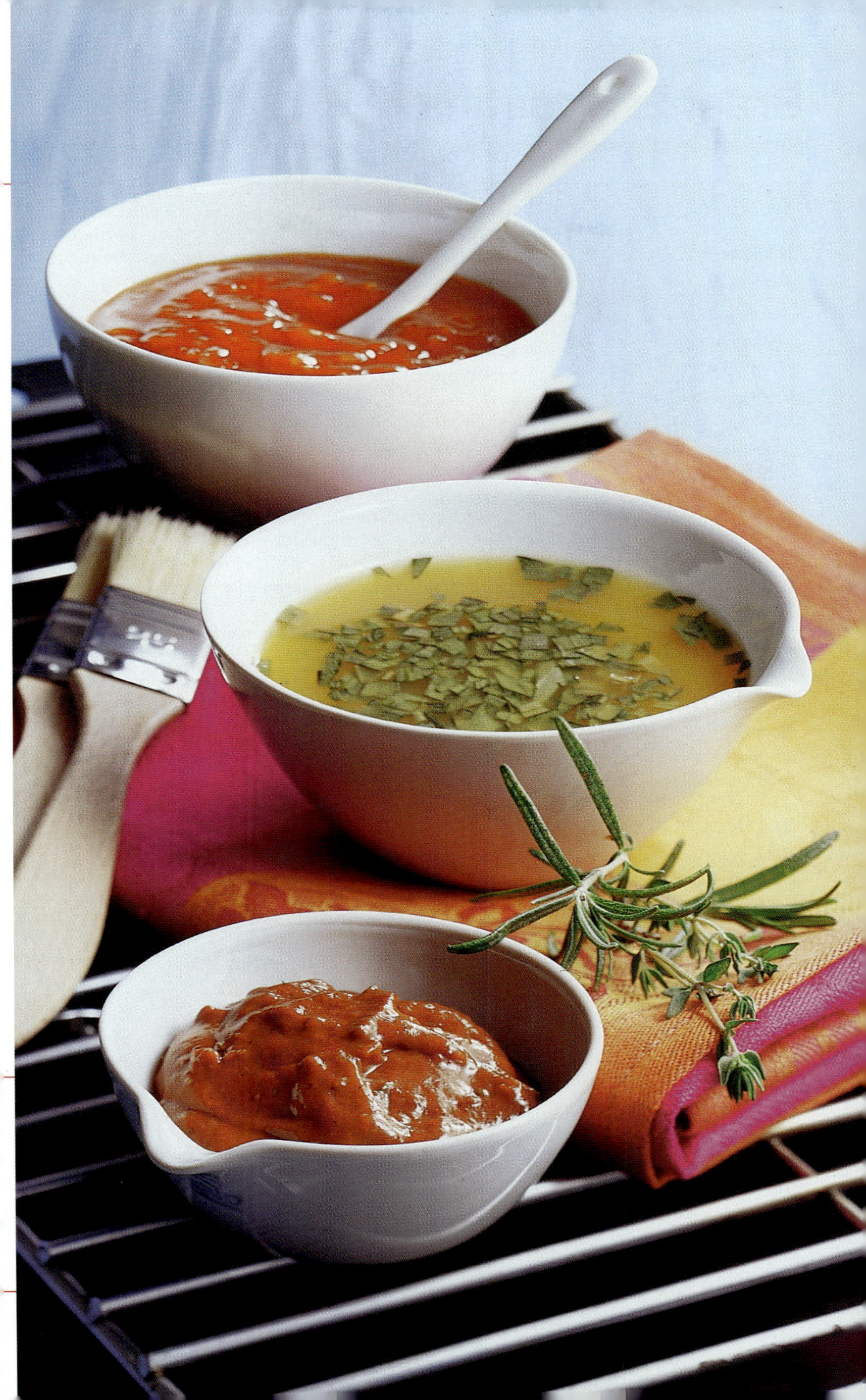

Braai 2: Sosaties
Brochettes d'agneau aux abricots

AFRIQUE DU SUD

8 brochettes

Marinade

4-6 échalotes

4 cs de vinaigre de vin rouge

2 dl de vin rouge,
par ex. cabernet-sauvignon

6 feuilles de citronnier
ou de limettier kaffir

5 fines tranches de gingembre frais

2 cc de sucre de canne

1 cs de curry en poudre, fort

2 cc de coriandre en poudre

½ cc de cumin en poudre

½ cc de poivre noir du moulin

½ cc de tout-épice
(ou 1 clou de girofle)

1 pincée de cardamome
en poudre

un morceau de cannelle
de 5 cm

700 g de quasi d'agneau

150 g d'abricots secs
(16 pces)

sel

8 brochettes en bois
de 25 cm

1 Trois à cinq jours à l'avance, couper les échalotes en deux ou en quatre, les mettre à chauffer avec le reste des ingrédients de la marinade, laisser mijoter 5 minutes, couvrir et laisser refroidir.

2 Couper la viande en cubes de 3-4 cm, les mélanger avec la marinade (voir suggestion page 110) et laisser mariner 3-5 jours au réfrigérateur.

3 Le jour même, 2 heures avant les grillades: arroser les abricots d'eau bouillante, couvrir et laisser gonfler durant env. 2 heures. Faire tremper les brochettes dans de l'eau.

4 Egoutter la viande et les échalotes (recueillir la marinade). Les piquer sur les brochettes en alternant avec les abricots. Saler et faire griller de tous côtés pendant env. 15 minutes. Enduire régulièrement de marinade en cours de cuisson.

Servir avec d'autres mets et accompagnements typiques du *braai* (pages 108, 114-116).

SUGGESTION
Mise en place: finir de préparer les brochettes le jour du barbecue puis les remettre dans la marinade en attendant de les griller. Cette recette est également excellente avec de la viande de bœuf.

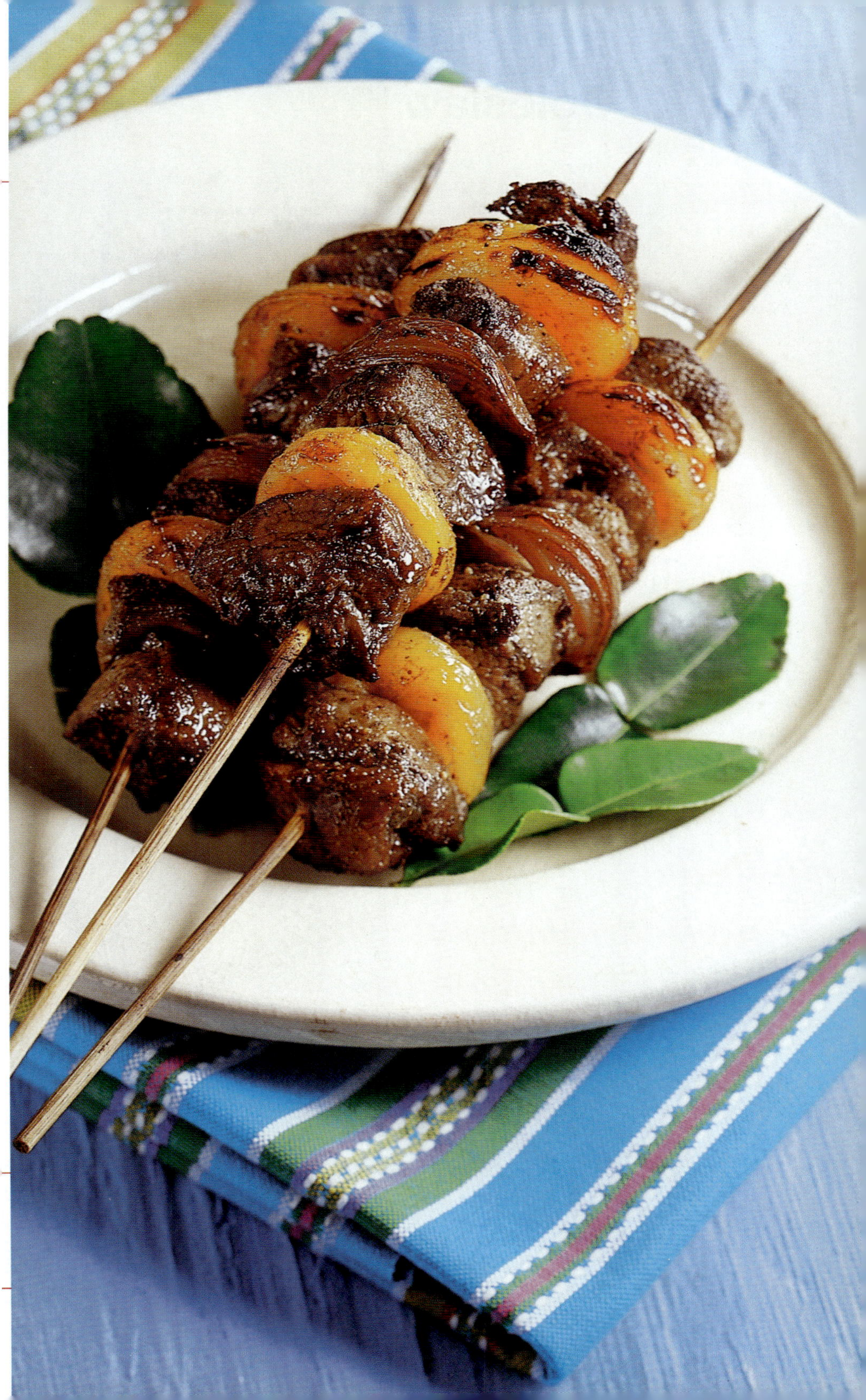

Braai 3: Coleslaw
Salade de chou

AFRIQUE DU SUD

4-6 portions comme accompagnement

Sauce

2 cs de bouillon de légumes

2 cs de vinaigre de vin blanc

1 cc de moutarde, mi-forte

¼ de cc de cumin en poudre

sel

poivre noir du moulin

3 cs d'huile de tournesol

300 g de chou blanc

2 branches de céleri

2 litres d'eau

2 carottes

½ poivron rouge

½ poivron vert

60 g de raisins sultanine blonds

3 tranches de lard à griller

1 oignon, haché

1 Mélanger tous les ingrédients de la sauce.

2 Tailler le chou et le céleri en fines lanières, les mettre dans un saladier et arroser d'eau bouillante. Couvrir et laisser reposer 10 minutes. Egoutter dans une passoire et presser légèrement pour exprimer l'eau. Y râper les carottes sur la râpe à rösti. Couper les poivrons en lanières et les ajouter avec les raisins secs.

3 Couper le lard en dés minuscules et les faire griller dans une grande poêle sans ajout de matière grasse. Ajouter l'oignon, le faire suer jusqu'à transparence, puis retirer la poêle du feu. Y ajouter les légumes, mélanger avec la sauce et laisser refroidir à couvert.

SUGGESTION

Pour mieux couper le lard en menus dés, il est conseillé de placer les tranches au congélateur pendant 30 minutes avant l'opération.

La salade de chou est un accompagnement indispensable à tout *braai* sud-africain qui se respecte.

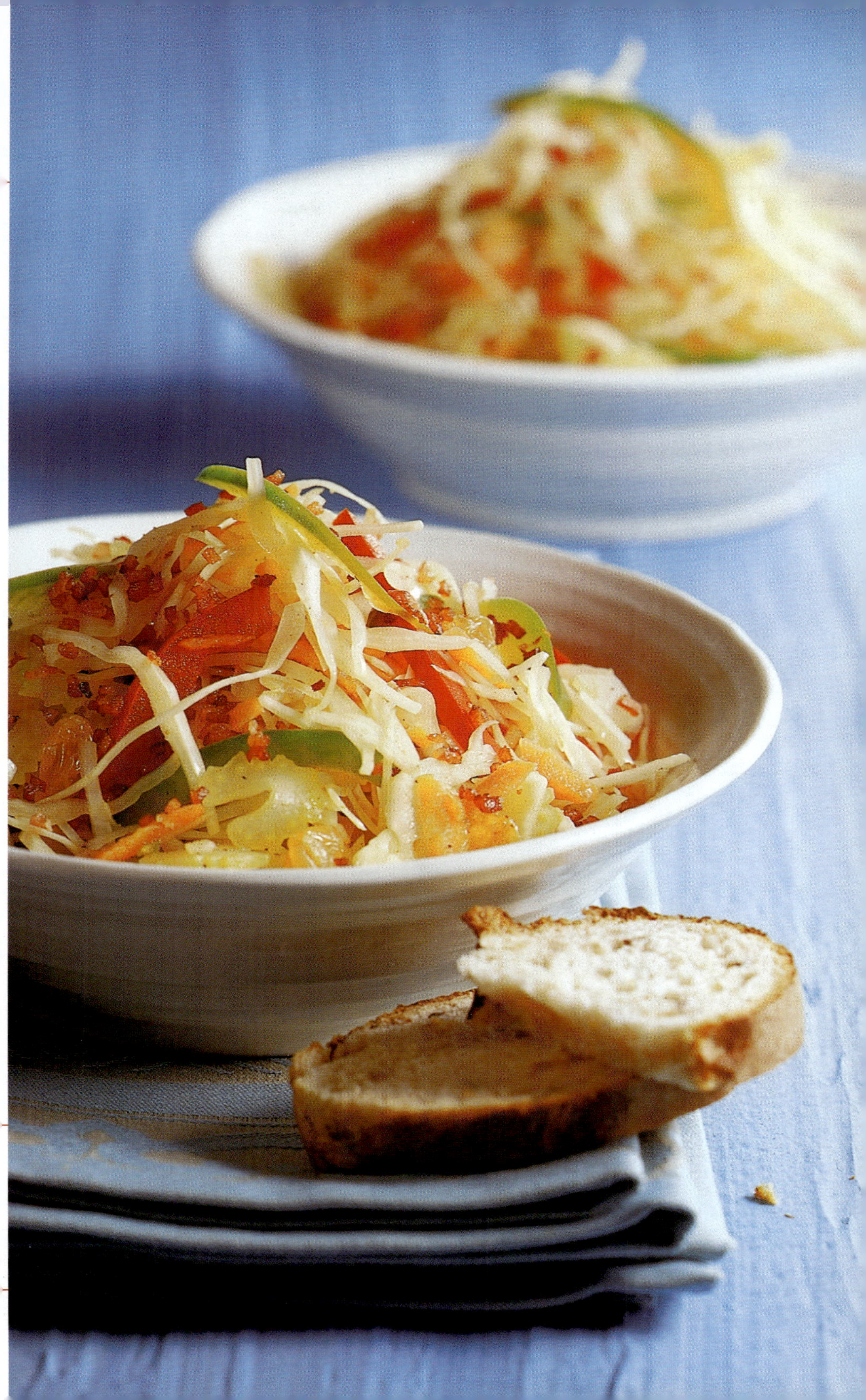

Braai 4: Sweet potatoes
Patates douces au gril et au four

AFRIQUE DU SUD

4 portions chacune, comme accompagnement

Patates douces au gril
800 g de patates douces
sel
poivre noir du moulin
50 g de beurre

8 feuilles d'aluminium en double, env. 20 x 20 cm

Patates douces au four
800 g de patates douces
100 g de beurre
1 citron vert, zeste et jus
2 cs de sucre de canne
2 cs de xérès doux
1 cc de sel
un morceau de cannelle de 5 cm
3 fines tranches de gingembre frais

Patates douces au gril
1 Eplucher les patates douces. Les couper en morceaux d'env. 100 g (en tout 8 morceaux). Les poser sur les feuilles d'aluminium, saler, poivrer et déposer une noisette de beurre sur chacun. Fermer soigneusement la papillote.

2 Faire griller durant 15 minutes sur le gril, puis laisser reposer un moment sur le bord. Contrôler la cuisson en plantant une aiguille dans les patates.

Patates douces au four
1 Eplucher les patates douces, les couper en dés de 2 cm et les placer dans un plat à gratin. Préchauffer le four à 180 °C.

2 Faire fondre le beurre. Y râper le zeste de citron vert, exprimer le jus et l'ajouter. Mélanger avec le reste des ingrédients. En arroser les patates douces et mélanger. Fermer le moule avec un couvercle ou une feuille d'aluminium. Faire cuire au four durant 35-45 minutes jusqu'à ce que les patates soient moelleuses.

3 Retirer le couvercle, mélanger délicatement et laisser prendre légèrement couleur à découvert.

SUGGESTION
Les patates douces sont naturellement sucrées. Les Sud-Africains accentuent cette douceur dans leur recette au four en y ajoutant des épices. Ce mode de préparation n'est pas réservé au *braai*!

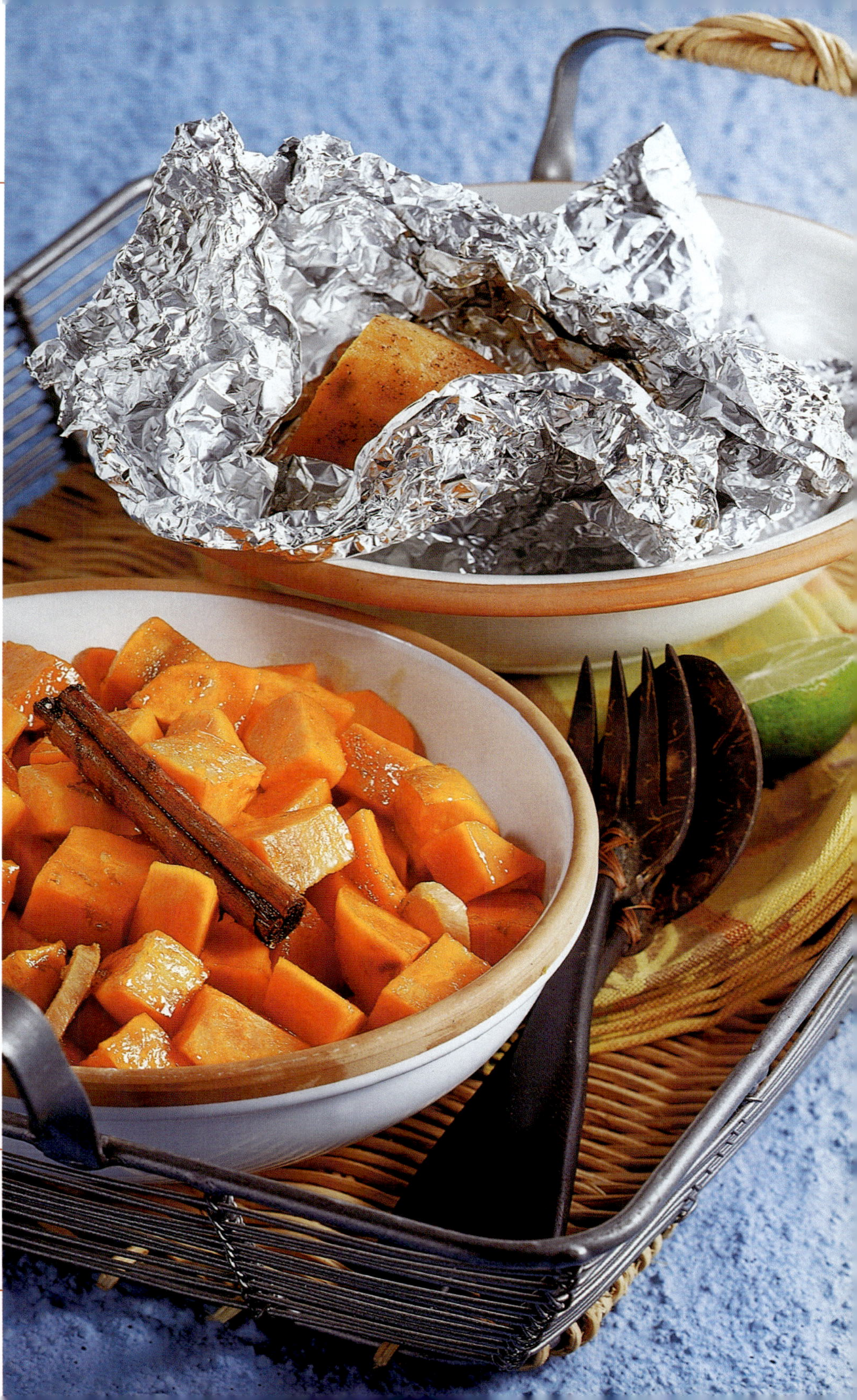

Tomato chambo
Filets de poisson en sauce tomate

MALAWI

4 portions comme plat principal

Mélange d'épices

1/4 de cc de coriandre en poudre

1/4 de cc de cumin en poudre

1 pincée de clous de girofle en poudre

1/4 de cc de noix muscade, râpée

1 cc de sel

1/4 de cc de poivre noir du moulin

1 cc de curcuma en poudre

1 piment rouge

1/2 citron, zeste

400 g de tomates

2 oignons, hachés

2 gousses d'ail, pressées

1 cc de gingembre frais, râpé

1 cs d'huile d'arachide

un morceau de cannelle de 3 cm

500 g de filets de poisson: tilapia, sébaste ou perche

sel

poivre noir du moulin

quelques noisettes de beurre

quelques piments rouges (facultatif)

1 Mélanger soigneusement tous les ingrédients du mélange d'épices. Fendre le piment, l'épépiner et le hacher. Prélever le zeste du demi-citron, sans partie blanche, le tailler en filaments et le hacher. Inciser les tomates en croix, les ébouillanter jusqu'à ce que la peau commence à se décoller. Les rafraîchir sous l'eau froide, les peler, les épépiner et les couper en dés.

2 Faire suer les oignons, l'ail et le gingembre dans l'huile très chaude. Y ajouter le mélange d'épices, le piment, le zeste de citron et la cannelle, puis laisser brièvement revenir. Y mélanger les tomates, couvrir et laisser mijoter 30 minutes à feu doux, puis verser dans un plat réfractaire.

3 Préchauffer le four à 180 °C. Saler et poivrer les filets de poisson. Les disposer sur le lit de tomates en les superposant légèrement et les parsemer de noisettes de beurre. Piquer joliment les piments entre les filets de poisson. Faire cuire durant env. 10 minutes (selon l'épaisseur des filets) au milieu du four.

Servir avec du riz blanc ou du riz jaune (page 120).

SUGGESTION
On appelle *chambo* le tilapia, un poisson vivant dans les eaux du lac Malawi.

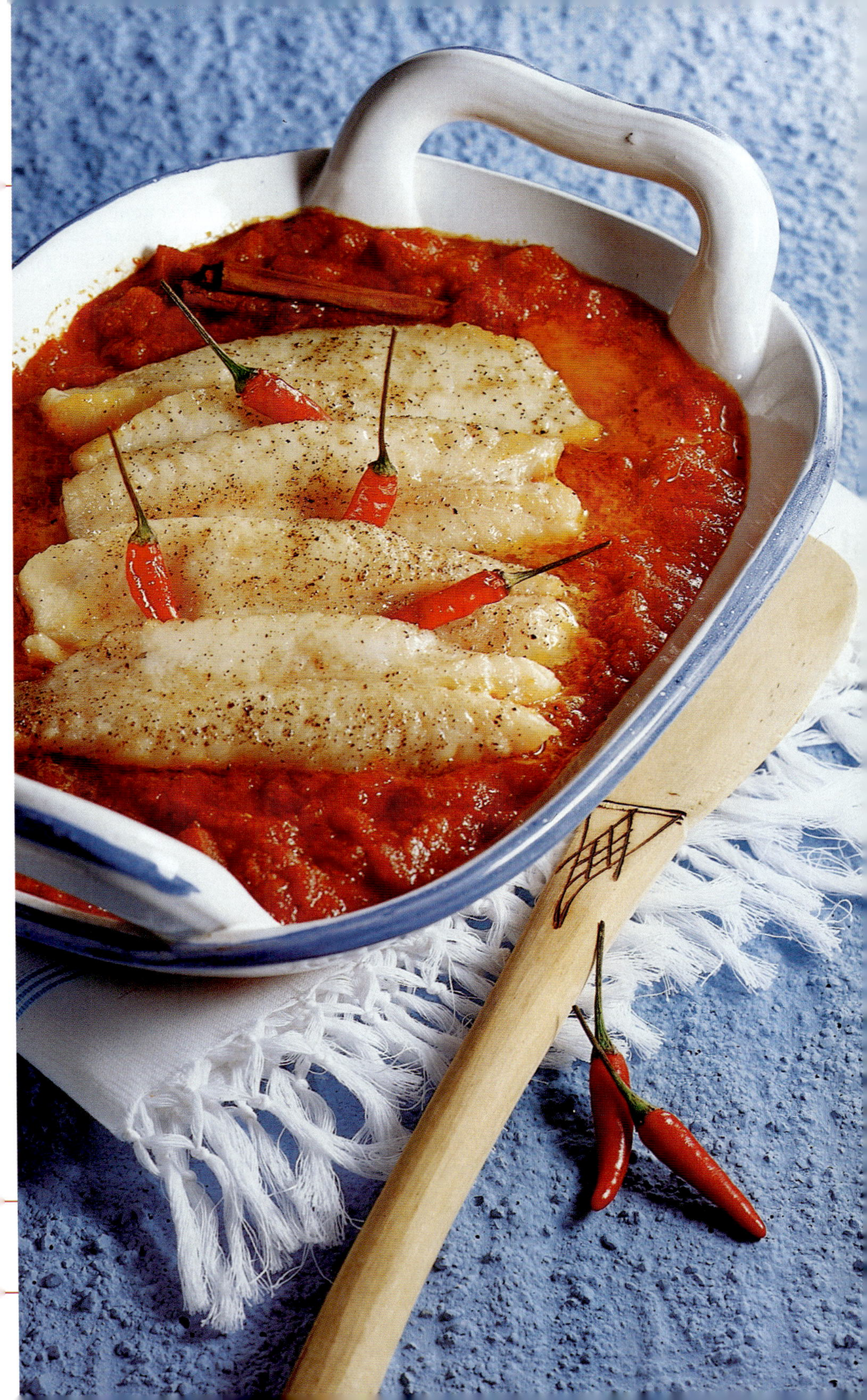

Peanut chicken, yellow rice

Pintade en sauce à l'arachide et riz jaune

LESOTHO

4 portons comme plat principal

Pintade

2 tomates

100 g de haricots verts

1 cs de farine

½ cc de sel

½ cc de paprika surfin, doux

2 pintades ou coquelets de 500 g

2 cs de beurre à rôtir

2 oignons, hachés

1 gousse d'ail, pressée

1 cs de gingembre frais, râpé

1 feuille de laurier

2,5 dl de bouillon de poule

50 g de beurre de cacahuètes (avec morceaux)

sel

poivre noir du moulin

Riz jaune

5 dl d'eau

1 cube de bouillon de poule

un morceau de cannelle de 3 cm

4 clous de girofle

4 capsules de cardamome, ouvertes

½ cc de curcuma en poudre

300 g de riz à grains longs ou mi-longs, par ex. Carolina

100 g de raisins sultanine foncés

1 cs de beurre

1 Inciser les tomates en croix, les ébouillanter jusqu'à ce que la peau commence à se décoller. Les rafraîchir sous l'eau froide, les peler, les épépiner et les couper en dés. Couper les haricots en tronçons biseautés de 1 cm. Mélanger la farine, le sel et le paprika. Découper chaque pintade en 8 morceaux env. et les saupoudrer de farine au paprika. Les faire dorer de tous côtés, dans le beurre, à feu moyen. Retirer du faitout et réserver au chaud.

2 Dans le même faitout, faire revenir l'oignon, l'ail, le gingembre et le laurier. Ajouter les haricots et les tomates, mouiller au bouillon et porter à ébullition. Remettre la viande dans le faitout, couvrir et laisser mijoter pendant 25 minutes à feu doux.

3 Retirer la viande et la dresser sur le plat de service. Mélanger le beurre de cacahuètes à la sauce. Saler, poivrer et répartir sur la viande.

4 Pour le riz, porter à ébullition tous les ingrédients sauf les raisins et le beurre. Laisser cuire à demi-couvert sur feu doux. Ajouter les raisins et le beurre au bout de 10 minutes et laisser cuire encore env. 10 minutes jusqu'à ce que le riz soit tendre.

SUGGESTION

Au lieu de volailles entières, vous pouvez employer la même quantité de pilons de poulet ou 600 g de poitrine de poulet coupée en gros morceaux. Avec cette dernière, réduisez le temps de cuisson de 15 minutes.

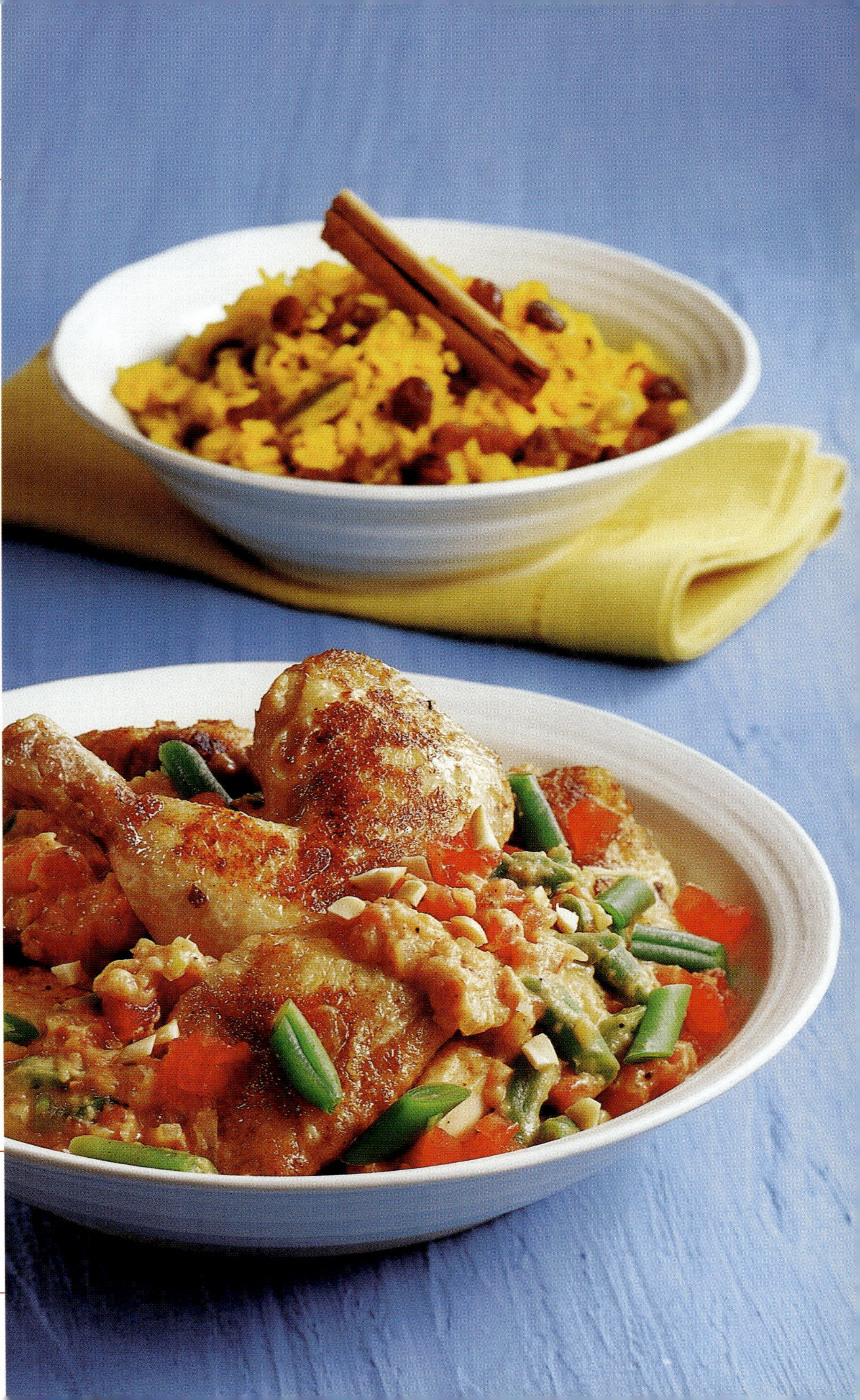

Bobotie
Gratin de viande hachée aux raisins secs

AFRIQUE DU SUD

4-6 portions comme plat principal

2 tranches de pain pour toasts

1,5 dl de lait

1 cs d'huile de tournesol

2 cs de beurre

600 g de viande hachée de bœuf ou d'agneau

2 oignons hachés

1 gousse d'ail, pressée

2 clous de girofle

2 feuilles de laurier

1 cs de fines herbes séchées, par ex. herbes de Provence

1 cs de garam masala

½ cc de curcuma en poudre

100 g de raisins sultanine blonds

100 g de chutney de mangue, doux

½ citron, zeste et jus

1 cc de sel

poivre noir du moulin

50 g d'amandes effilées

beurre, pour le plat

10 feuilles de citronnier ou de limettier kaffir

1,5 dl de lait

2 œufs

1 Retirer la croûte du pain, tailler la mie en menus dés et les faire tremper 15 minutes dans le lait. Les renverser dans une passoire et presser en recueillant le lait.

2 Préchauffer le four à 180 °C. Faire chauffer l'huile et le beurre dans une poêle, y saisir entièrement la viande sur feu vif (éventuellement par portions) en la défaisant avec deux spatules. Ajouter l'oignon, l'ail, les clous de girofle et le laurier et faire revenir brièvement. Baisser la température.
Y ajouter le pain et le reste des ingrédients jusqu'au chutney compris et faire revenir le tout. Retirer la poêle du feu. Râper le zeste de citron, exprimer le jus et les ajouter. Saler et poivrer généreusement. Retirer le laurier et les clous de girofle, puis y mélanger délicatement les amandes effilées.
Mettre la préparation dans un plat à gratin beurré, puis lisser. Enrouler les feuilles de citronner en petits cornets et les piquer dans la préparation. Faire cuire durant 30 minutes au four.

3 Compléter le lait recueilli jusqu'à en obtenir 2,5 dl et le battre avec les œufs. En arroser le gratin et laisser cuire 15 minutes de plus jusqu'à ce que la liaison soit cuite et légèrement dorée.

Servir avec du riz blanc et une salade.

SUGGESTION
Si vous n'avez pas de feuilles de citronnier ou de limettier kaffir sous la main, prenez des feuilles de laurier. Le *bobotie* est en réalité un plat que l'on prépare pour accommoder les restes du gigot d'agneau du dimanche. Dans ce cas, il faut détacher la viande de l'os, la hacher, mais ne pas la saisir. Ajoutez-la au plat juste avant de mettre les amandes.

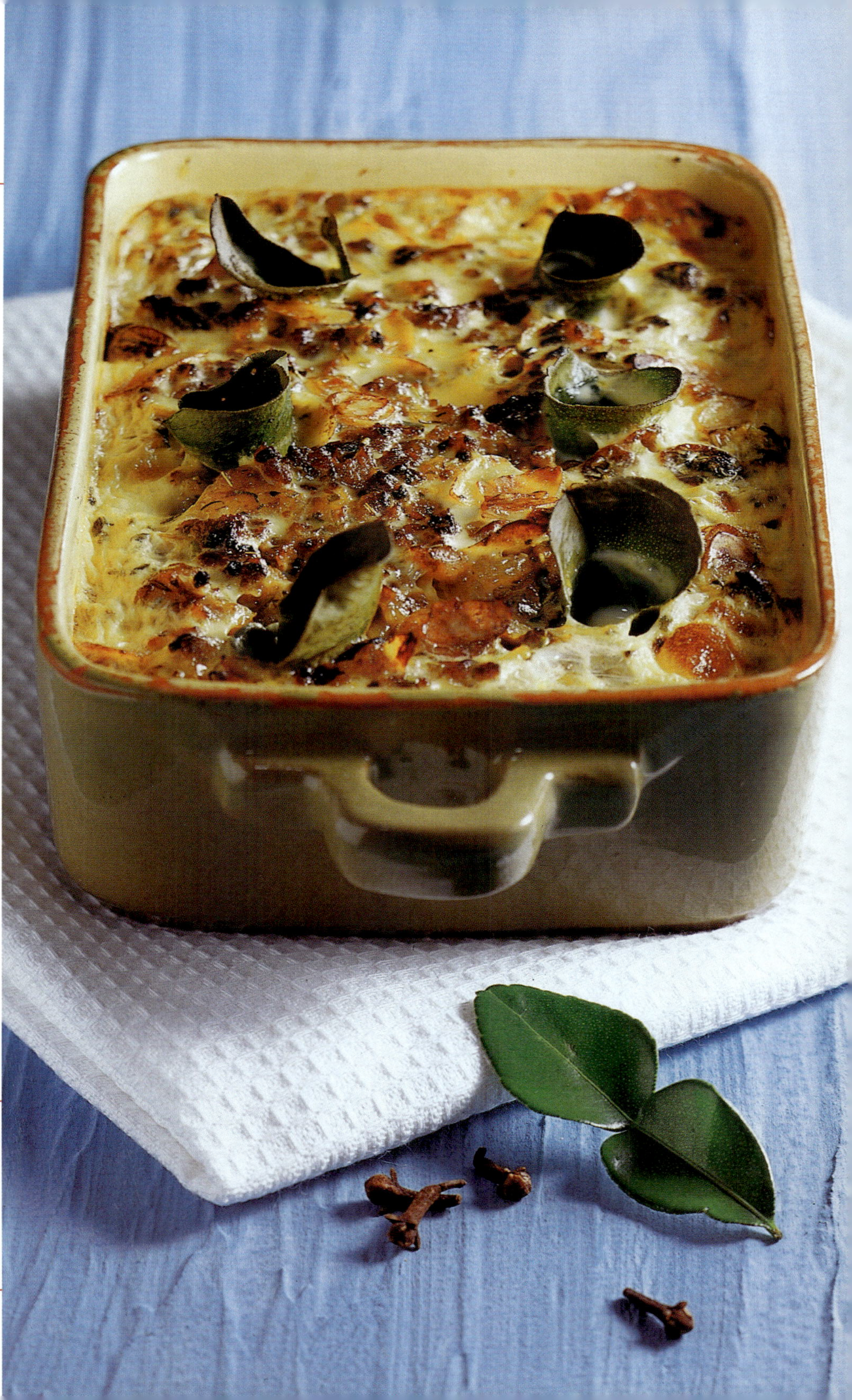

Denningvleis
Agneau à la malaise

AFRIQUE DU SUD

4 portions comme plat principal

600 g de quasi d'agneau

1 cs d'huile d'arachide

2 piments verts

2 échalotes, en lanières

1 gousse d'ail, pressée

1 pincée de noix muscade, râpée

1 pincée de tout-épice, en poudre

3 clous de girofle

1 feuille de laurier

poivre noir du moulin

½ cc de sel

1,5 dl d'eau

½ cc d'extrait de tamarin, sans graines

0,5 dl d'eau

1 Couper la viande en dés de 3 cm et les saisir entièrement dans l'huile chaude. Les réserver sur une assiette. Réduire la température, tailler les piments en lanières et les faire revenir dans la même cocotte avec les échalotes et l'ail.

2 Ajouter la viande, l'assaisonner avec le reste des ingrédients et saler. Mouiller avec l'eau, couvrir et laisser mijoter pendant 1 heure à feu très doux.

3 Délayer l'extrait de tamarin dans l'eau très chaude, ajouter et laisser mijoter 30 minutes supplémentaires. Saler et poivrer.

Servir avec du riz blanc.

SUGGESTION
Ce plat peut également être préparé avec du bœuf. Il a été importé en Afrique du Sud par les immigrants malais de Java; on le retrouve également dans le fameux *rijsttafel* indonésien. Son nom est dérivé de *dengdeng* ce qui signifie «viande bien épicée».

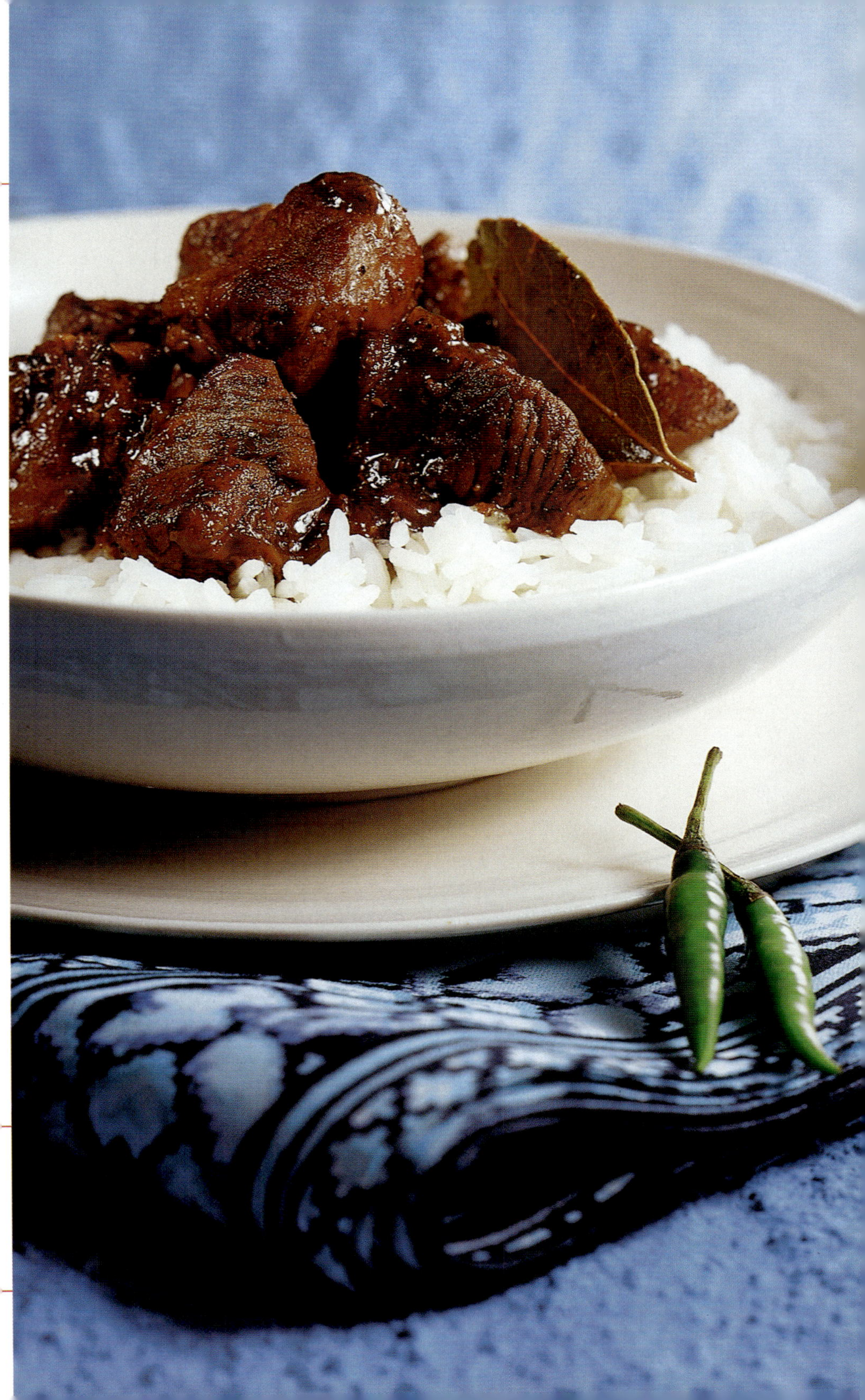

Kosta
Légumes-feuilles et poireaux

LESOTHO

4 portions comme accompagnement

600 g de bettes à tondre
sel
1-2 fûts de poireau (200 g)
2 piments rouges, mi-forts
1 cs d'huile de tournesol
2 cs de beurre
2 échalotes, hachées
1 gousse d'ail, pressée
1 cs de gingembre frais, râpé
poivre noir du moulin
1 pincée de noix muscade, râpée

1 Tailler les bettes en larges lanières. Les blanchir quelques secondes à l'eau bouillante salée, les rafraîchir sous l'eau froide et les égoutter. Couper le poireau en petits carrés. Fendre les piments en deux, les épépiner et les tailler en lanières.

2 Faire chauffer l'huile et le beurre dans une poêle, y faire suer les échalotes, l'ail, le gingembre et les piments. Ajouter le poireau et le faire revenir jusqu'à ce qu'il ramollisse.
Y mélanger les bettes et laisser réchauffer. Assaisonner avec sel, poivre et muscade.

SUGGESTION
Vous pouvez remplacer les bettes à tondre par des épinards ou des côtes de bette.

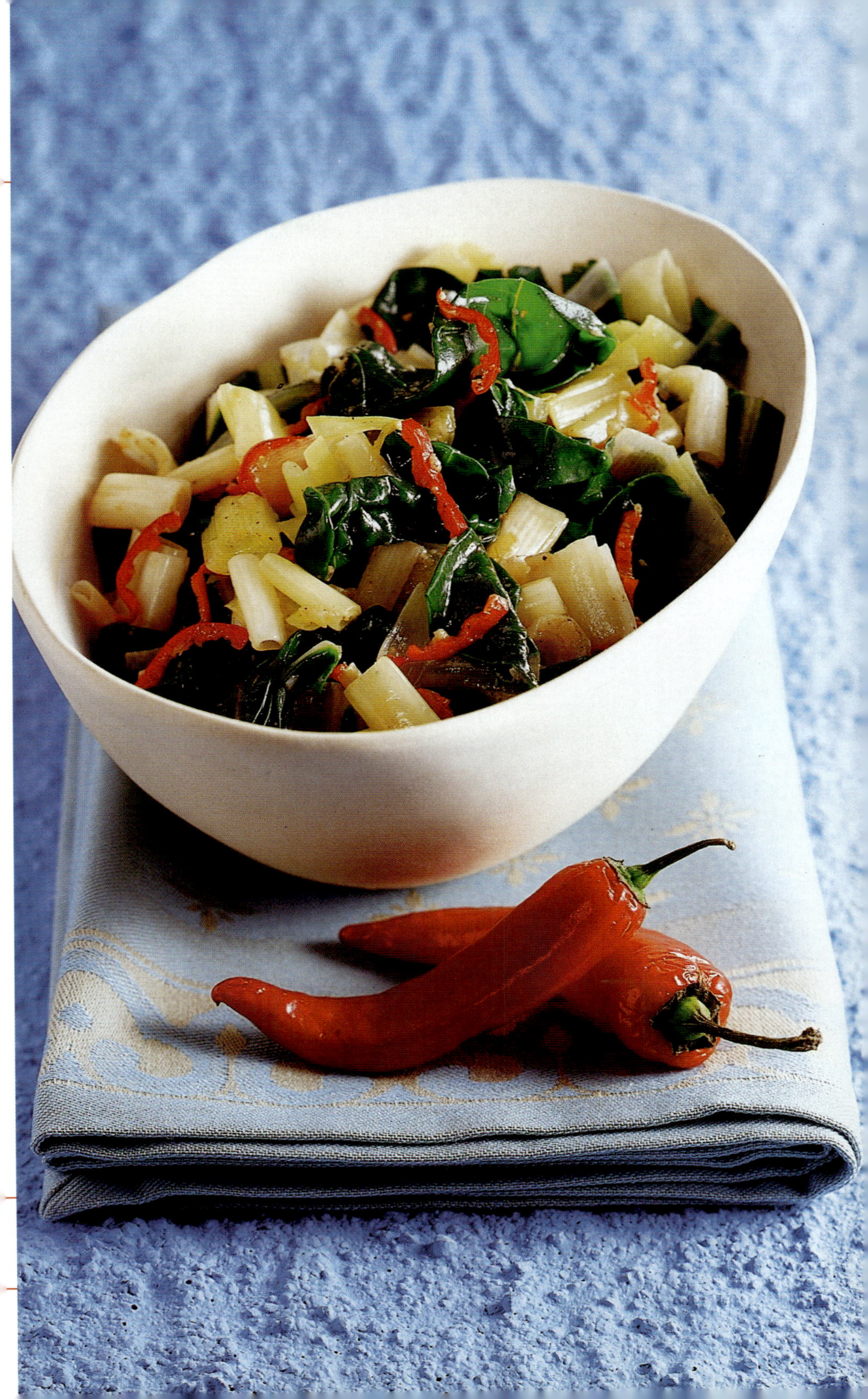

Derere
Gombos

ZIMBABWE

4 portions en accompagnement

Epices

4 cs de noix de coco râpée (40 g)
½ cc de piment en poudre
1 cc de coriandre en poudre
1 cc de cumin en poudre
1 sachet de safran en poudre (125 mg)

200 g de gombos
2 tomates
2 cs d'huile d'olive
1 échalote, en lanières
½ gousse d'ail, pressée
sel
poivre noir du moulin

1 Mélanger les épices. Laver les gombos, les éponger et trancher le pédoncule. Les fendre dans la longueur, les mélanger soigneusement avec les épices et laisser macérer durant 30 minutes.

2 Inciser les tomates en croix, les ébouillanter jusqu'à ce que la peau commence à se décoller. Les rafraîchir sous l'eau froide, les peler, les épépiner et les couper en dés.

3 Egoutter légèrement les gombos et les faire revenir dans l'huile, à feu moyen, jusqu'à ce qu'ils prennent légèrement couleur. Ajouter les échalotes et l'ail et faire brièvement revenir. Y mélanger les dés de tomate. Laisser réchauffer, saler et poivrer.

SUGGESTION
Bouillis ou étuvés, les gombos laissent échapper un suc gluant que les Africains apprécient beaucoup, mais qui peut rebuter un peu si l'on n'y est pas habitué. Dans notre recette, nous avons évité cet écueil.

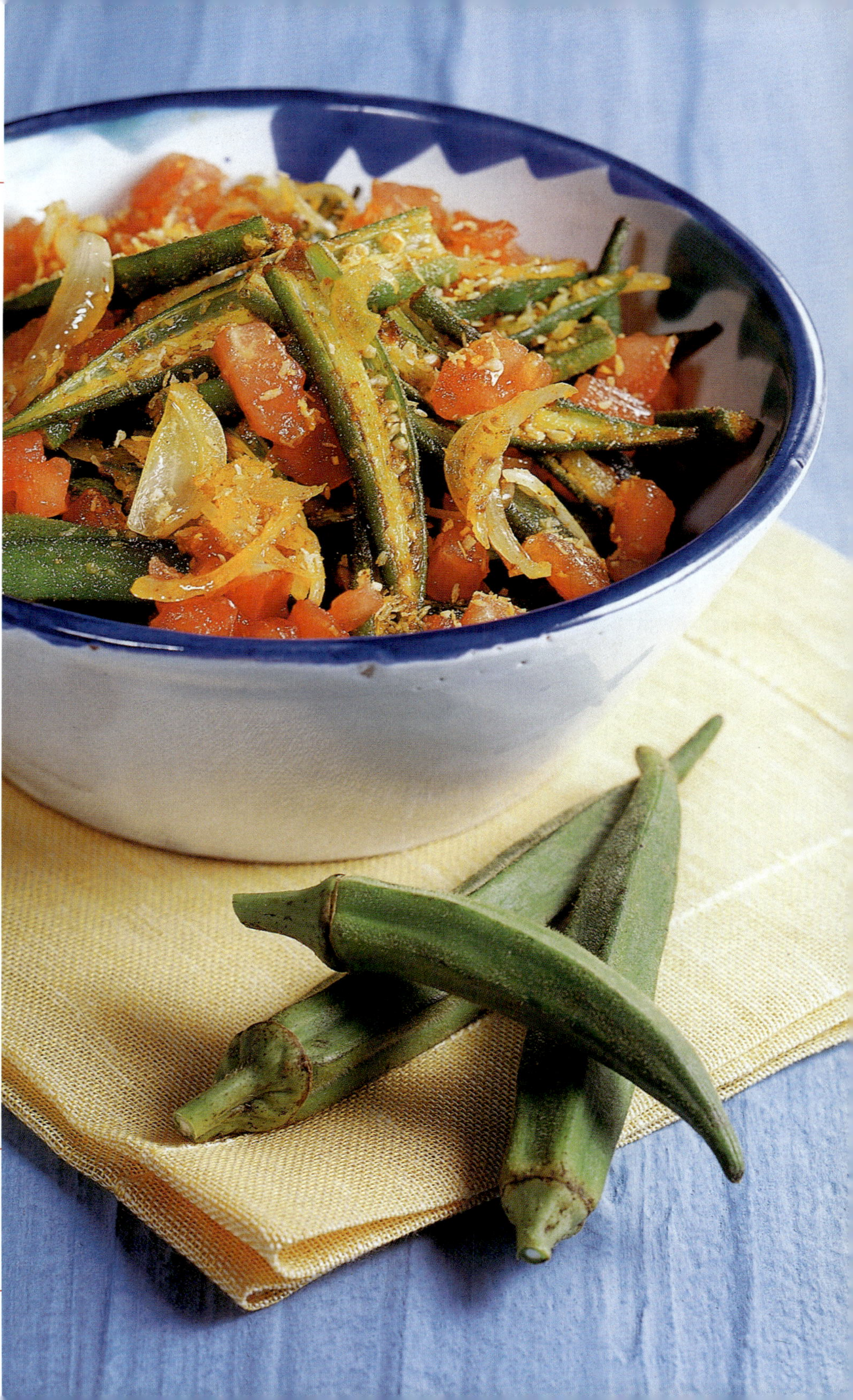

Garri and beans
Boulgour et haricots blancs

LESOTHO

Pour 4 personnes comme accompagnement

100 g de haricots blancs, secs
1 branche de céleri
2 tomates
5 tranches de lard à griller
1 échalote, hachée
½ gousse d'ail, pressée
1 cs d'huile d'arachide
5 dl de bouillon de légumes
250 g de boulgour (blé grossièrement concassé)
sel
poivre noir du moulin

1 La veille, faire tremper les haricots dans de l'eau froide toute la nuit (12 heures).

2 Le jour même, tailler le céleri en menus dés. Inciser les tomates en croix, les ébouillanter jusqu'à ce que la peau commence à se décoller. Les rafraîchir sous l'eau froide, les peler, les épépiner et les couper en dés. Placer le lard un moment au congélateur, puis le couper en fines lanières. En réserver quelques-unes pour la décoration.

3 Faire suer l'échalote, l'ail, le lard et le céleri dans l'huile chaude. Ajouter les haricots égouttés et les faire brièvement revenir. Mouiller avec 3 dl de bouillon, couvrir et laisser mijoter durant env. 30 minutes jusqu'à ce que les haricots soient moelleux. Egoutter en recueillant le fond de cuisson. Réserver les haricots et les légumes au chaud. Allonger le fond de cuisson avec le reste de bouillon pour obtenir 4 dl de liquide et porter à ébullition. Verser sur le boulgour, couvrir de film alimentaire et laisser gonfler env. 5 minutes.

4 Faire griller le lard réservé. Mélanger les haricots et les légumes avec le boulgour, puis y incorporer les dés de tomate. Saler, poivrer et parsemer de lanières de lard grillées.

SUGGESTION
On appelle *garri* de la semoule fabriquée à partir de racines de manioc selon un processus laborieux durant plusieurs jours. Le boulgour remplace ici le manioc, difficile à trouver sous nos latitudes.

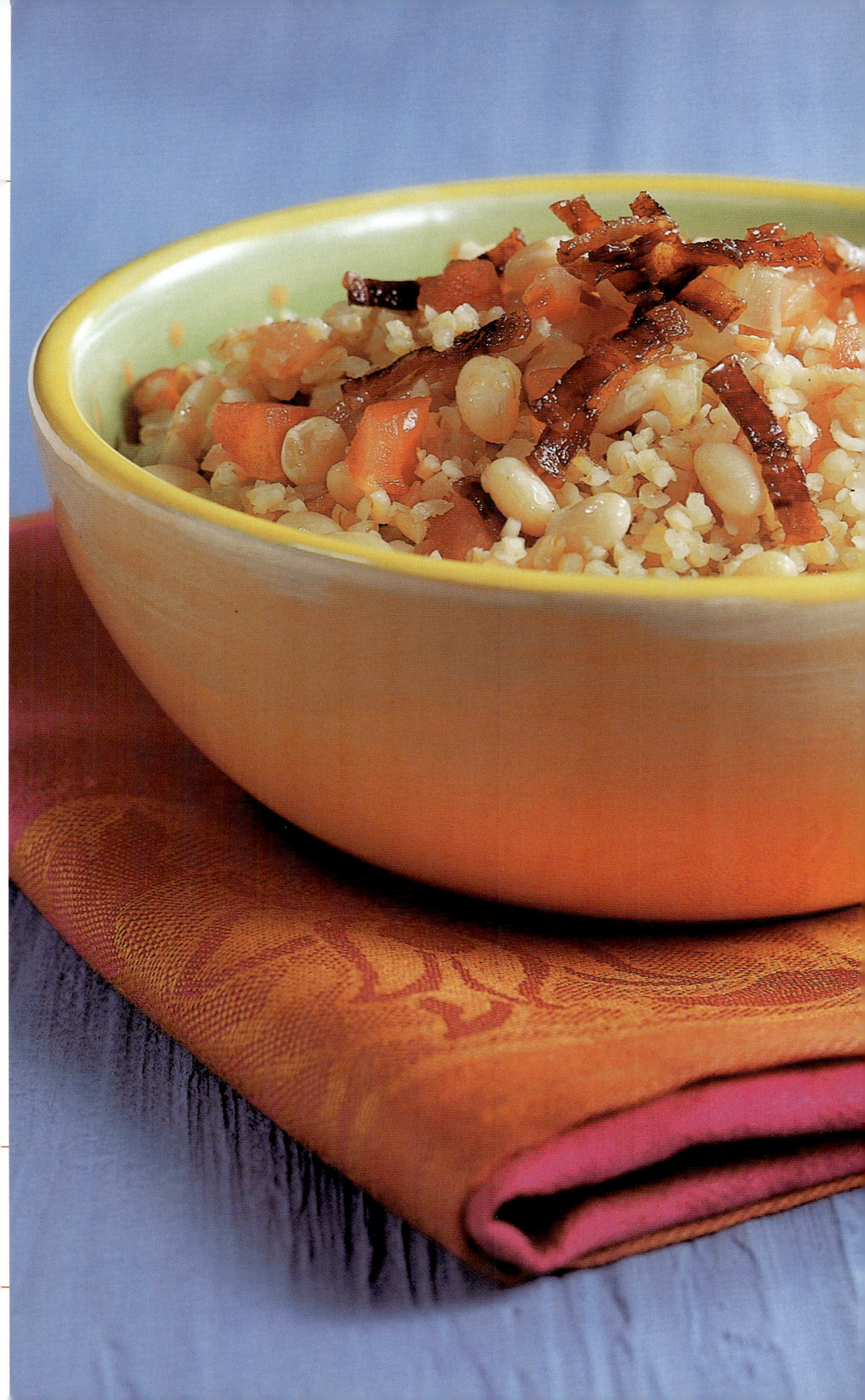

Mealie pap and spinach
Pâte de maïs et épinards

SWAZILAND

4-6 portions comme accompagnement

250 g d'épinards frais

1 gousse d'ail, pressée

1 oignon, haché fin

1 cs d'huile d'arachide

1 pincée de noix muscade, en poudre

1,3 litre d'eau

2 cubes de bouillon de légumes

250 g de semoule de maïs, gros grains (bramata)

1 Laver les épinards et les égoutter légèrement. Dans une grande cocotte, faire suer l'ail et l'oignon dans l'huile chaude. Ajouter les épinards, les tourner jusqu'à ce qu'ils ramollissent, puis assaisonner avec la muscade. Retirer de la cocotte, laisser légèrement refroidir, puis hacher grossièrement.

2 Porter l'eau à ébullition avec les cubes de bouillon et y verser la semoule en pluie. Faire cuire à feu doux en tournant énergiquement jusqu'à obtention d'une polenta un peu liquide.

3 Dresser la polenta et déposer les épinards dessus.

Servir en accompagnement avec d'autres plats.

SUGGESTION
La bouillie de maïs est un plat de base dans l'ensemble de l'Afrique et connaît donc d'innombrables variations. Connue sous le nom de *nshima* au Botswana, *tô* au Bénin et *pâte* au Togo, la bouillie africaine semble souvent un peu fade aux Européens, car en général uniquement composée de farine de maïs, sel et eau. Dans cette recette, nous avons préféré garder la pâte un peu liquide et la servons avec des épinards afin de la relever.

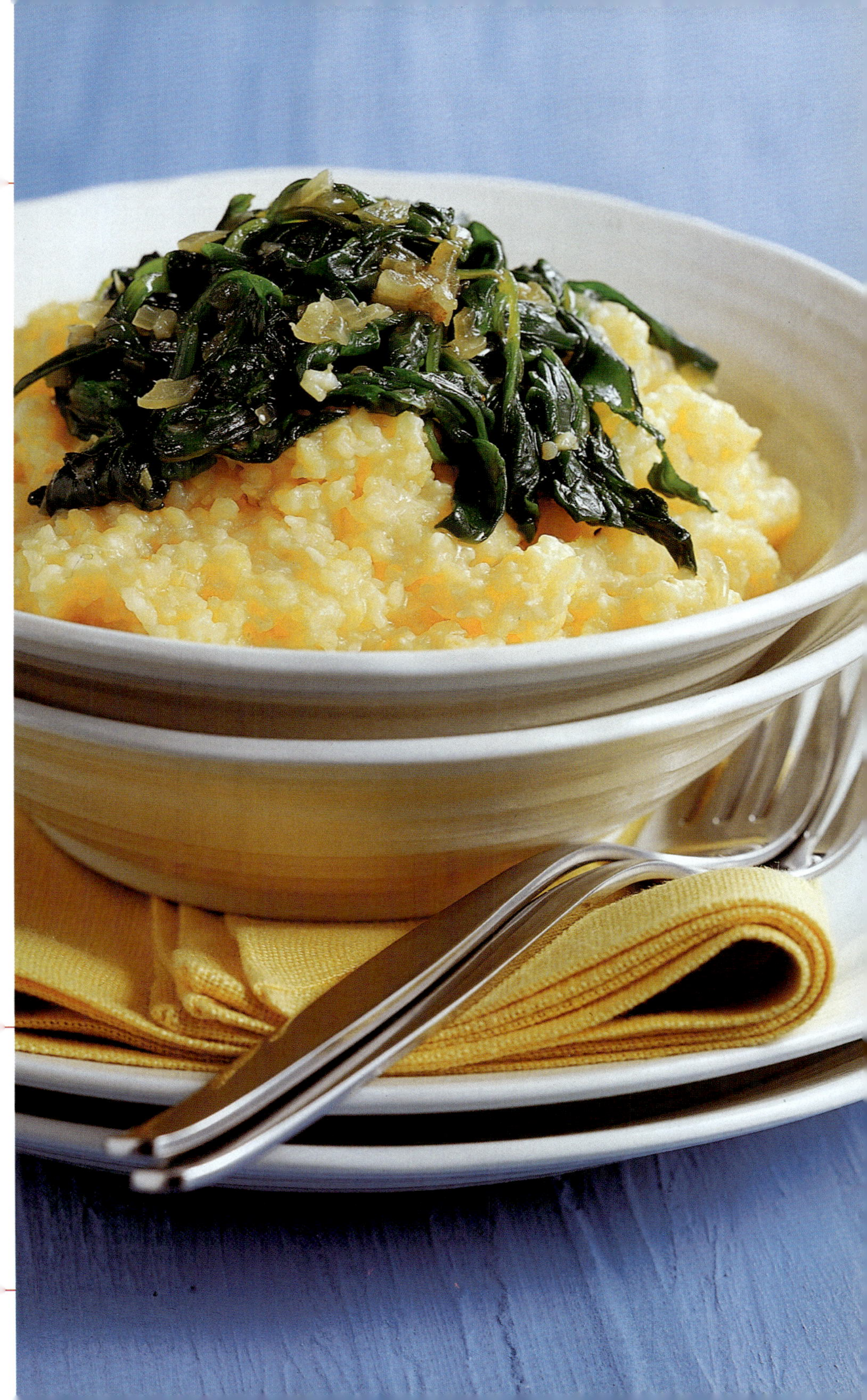

Pumpkin peanut mash

Purée de courge et de cacahuètes

AFRIQUE DU SUD

4 portions comme accompagnement

500 g de courge
1 échalote, hachée
1 gousse d'ail, pressée
1/4 de cc de cumin en poudre
1 cs de beurre
1/2 cube de bouillon de légumes
2 cs d'eau
1 cs de gingembre frais, râpé
60 g de beurre de cacahuètes (avec morceaux)
sel
poivre noir du moulin
quelques cacahuètes

1 Eplucher la courge et l'épépiner. La couper en gros cubes afin d'obtenir env. 400 g de chair.

2 Faire suer l'échalote, l'ail et le cumin dans le beurre chaud. Ajouter la courge et la faire revenir. Ajouter le demi-cube de bouillon et l'eau et porter à ébullition. Couvrir et laisser cuire à feu doux durant env. 20 minutes jusqu'à tendreté.

3 Ajouter le gingembre et laisser mijoter quelques minutes à découvert jusqu'à ce que la courge retombe et qu'il n'y ait pratiquement plus de liquide.

4 Y mélanger le beurre de cacahuètes au fouet. Saler, poivrer, puis parsemer de cacahuètes.

Servir comme légume d'accompagnement avec d'autres plats.

SUGGESTION
A l'instar du maïs et du manioc (voir page 61), la courge est également très consommée en Afrique. On en trouve de multiples recettes en soupes, purées ou légumes.
Dans cette recette, vous pouvez remplacer la courge par des carottes. Faites-les cuire 30-40 minutes, supprimez le point 3 et mixez-les avec le gingembre.

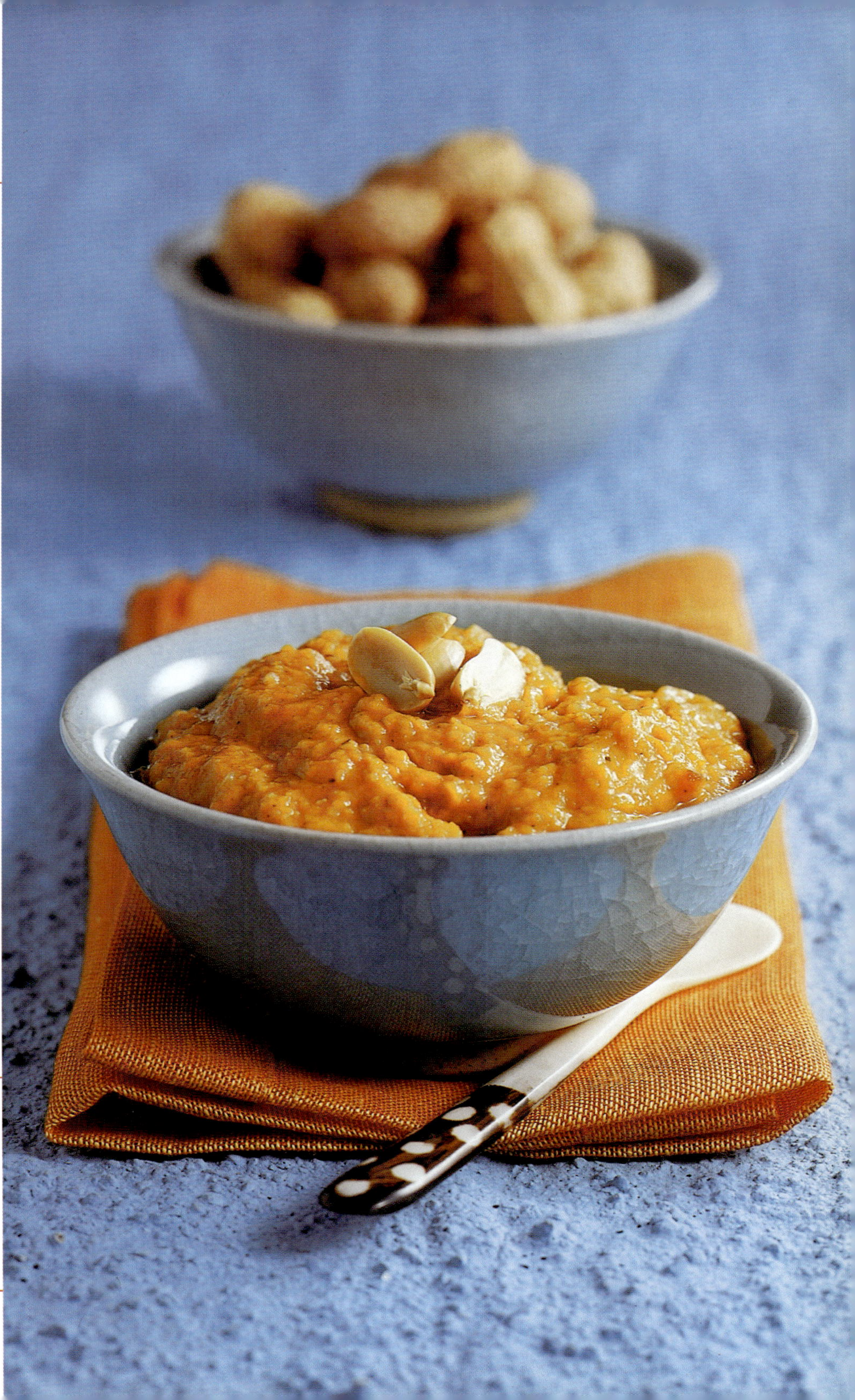

Cape fruit whip
Crème à la muscade et fruits

AFRIQUE DU SUD

4-6 portions comme dessert

500 g de fruits et baies: kiwi, mangue, papaye, myrtilles, physalis (alkékenge), grains de raisin

½ citron vert, jus

Crème à la muscade

250 g de fromage frais double-crème

2 dl de crème

2 cs de vermouth blanc, doux

50 g de sucre glace

1 cc de noix muscade, râpée

½ cc de cardamome en poudre

1 Eplucher les fruits et les couper en rondelles ou en dés. Laisser les myrtilles et les grains de raisin entiers, retirer les physalis de leur enveloppe. Mélanger avec le jus de citron vert, couvrir et placer 30 minutes au frais.

2 Pour la crème, mélanger tous les ingrédients, puis battre au fouet ou au mixeur afin de la raffermir légèrement.

3 Dresser les fruits et la crème en couches dans des coupes ou des verres à dessert et servir aussitôt.

SUGGESTION
On peut également employer d'autres fruits et baies communs en Afrique du Sud: abricots, dattes, oranges, pêches, poires, pommes ou fraises, framboises, mûres, etc.
S'il est conseillé de servir aussitôt ce dessert, c'est à cause du kiwi qui devient rapidement amer au contact des laitages.

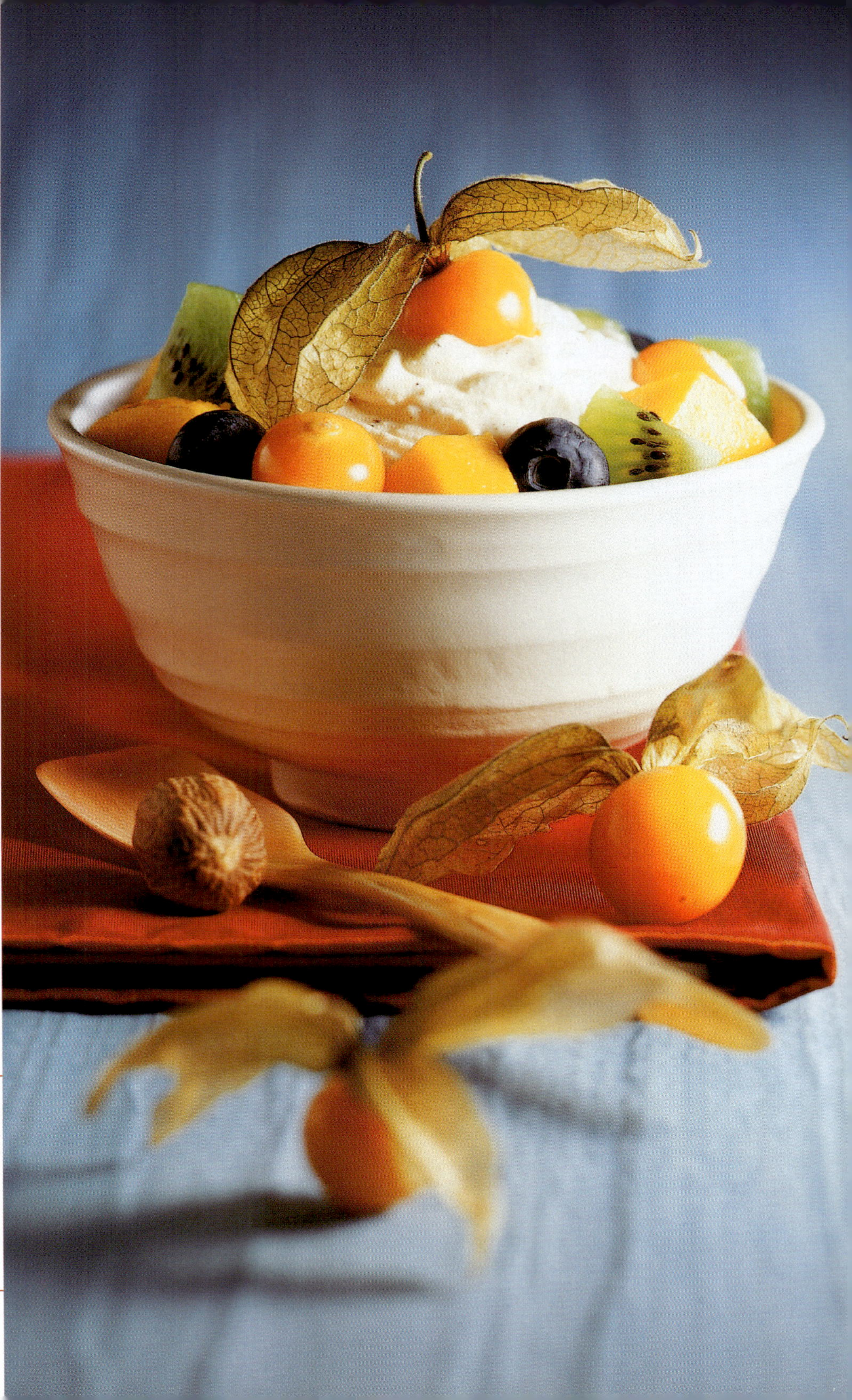

Index par mots-clés

A
Abricot   42, 52, **61**, 68, **104**, 112, 136
Afrique du Sud   106, 108, 110, 112, 114, 116, 122, 124, 134
Agneau   44, 46, 68, 110, 112, 122, 124
Ail   16, 18, 24, 30, 32, 36, 44, 46, 48, 62, 64, 66, 68, 70, 84, 86, 88, 90, 94, 96, 108, 110, 118, 120, 122, 124, 126, 128, 130, 132, 134
Algérie   26, 40
Amande   42, 122
Ananas   52, **82**, 84, 98
Anchois   90
Aneth   24
Anis   40
Anis étoilé   52
Artichaut   48
Asperge   36
Aubergine   16, 18, 44, 90

B
Banane   76, **82**
Banane plantain   **82**, 94, 96
Barbecue   106, **110**, 112, 114, 116
Barbecue (sauce)   110
Berberé (mélange d'épices)   15
Betterave   62
Bette à tondre   126
Beurre   22, 34, 36, 42, 54, 68, 70, 76, 88, 98, 116, 118, 120, 122, 126, 134
Beurre à rôtir   42, 70, 120
Beurre de cacahuètes   **82**, 120, 134
Bière   110
Blé concassé (boulgour)   **14**, 26, 46, 130
Bœuf   44, 46, 68, 110, 112, 122, 124
Bouillon de légumes   26, 34, 48, 86, 90, 114, 130, 132, 134
Bouillon de poule   20, 34, 38, 42, 120

Safran en filaments et en poudre

Boulgour   **14**, 26, 46, 130
Braai   106, **110**, 112, 114, 116
Briks   22
Brochettes   44, 112
Brocoli   74

C
Cabillaud   32
Cacahuète   **82**, 94, 134
Cacao en poudre   68
Canard   42
Cannelle   20, 38, 44, 46, 52, 54, 66, 76, 86, 118, 120
Cardamome   42, 44, 52, 70, 76, **104**, 112, 120, 136
Carotte   32, 34, 62, 70, 74, 114, 134
Cassis (liqueur)   70
Céleri   26, 32, 34, 74, 86, 90, 114, 130
Cerf   70
Chapelure   90
Chermoula   44

Chou   114
Chou-fleur   74
Ciboulette   108
Citron vert   44, 50, 62, 64, 68, 76, **83**, 90, 98, 106, 108, 116, 136
Citronnier (feuilles)   **104**, 112, 122
Citron   16, 18, 20, 22, 26, 28, 30, 32, 34, 40, 46, 48, 54, 74, **83**, 84, 88, 92, 112, 116, 118, 122
Clou de girofle   34, 50, 68, 86, 90, 92, 112, 118, 120, 122, 124
Cognac   110
Concombre   26, 108
Coquelet   40, 120
Coriandre (fraîche)   18, 24, 26, 34, 36, 38
Coriandre (grains, poudre)   44, 46, 66, 112, 118, 128
Côte-d'Ivoire   84
Côte de bette   **82**, 94, 126
Courge   74, **105**, 134

Courgette   18
Couscous (semoule)   **14**, 32, **34**, 36, 38, 40, 44, 46, 54
Crème   50, 66, 136
Crevette   26, 36, 84, 88
Crudités   24
Cumin   18, 24, 30, 32, 46, 66, 90, 104, 112, 114, 118, 128, 134
Curcuma   20, 66, 86, **105**, 118, 120, 122
Curry en poudre   72, 74, 112

D
Datte   50, 136
Dorade royale   64

E
Eau de fleurs d'oranger   28, 38, 50, 52
Eau de rose   28, 54
Echalote   16, 20, 22, 26, 28, 44, 46, 48, 62, 66, 68, 84, 86, 90, 110, 112, 124, 126, 128, 130, 134
Egypte   24, 42
Entrecôte   70
Epinard   74, **82**, 94, 126, 132
Estragon   110

F
Farine   68, 120
Fenouil   28, 32, 74
Flet   90
Fond de veau   70
Fond de gibier   70
Foutou   61
Fraise   136
Framboise   136
Friture   20, 24, 74, 106
Fromage frais   136
Fruits mélangés   42, 52, 54, 68

Harissa

Haricots verts   120
Harissa   **14**, 22, 36, 44, 46, 48
Herbes de Provence   122
Huile d'arachide   20, 46, **61**, 66, 74, **82**, 86, 92, 94, 96, 106, 118, 124, 130, 132
Huile de palme   61
Huile de pépins de raisin   68
Huile de tournesol   114, 122, 126
Huile d'olive   16, 18, 20, 22, 26, 28, 30, 32, 34, 36, 38, 40, 42, 44, 48, **61**, 62, 70, 72, 90, 110, 128

I
Igname   60

K
Kenya   68, 72, 74
Ketchup   110
Khalta   42
Kiwi   136
Kumquat   52

L
Lait   72, 122
Lard à griller   114, 130
Laurier   34, 68, 90, 120, 122, 124
Légumes-feuilles   **82**, 94, 126
Lesotho   120, 126, 130
Limande-sole   90

M
Macis (fleur de muscade)   68
Madagascar   98
Maïs (grains)   72, 74, **83**, 86
Maïs (semoule)   74, **83**, 96, 132
Malawi   118
Mangue (chutney)   **60**, 62, 74, 122
Mangue (fraîche)   52, 66, 108, 136

Citron, citron vert

Fruits séchés   42, 52, 54, **61**, 68, 112, 114, 120, 122
Fumet de poisson   34

G
Galettes de pain   16, 24, 32, 38, 40, 44
Garam masala   **104**, 122
Gélatine   50, 98
Genièvre (baies)   70
Ghana   96
Gigot   68
Gingembre (confit)   **60**, 64
Gingembre (frais)   20, 32, 38, **60**, 62, 64, 66, 68, 72, 86, 88, 96, 110, 112, 116, 118, 120, 126, 134
Glace   52, 76
Gombos   **105**, 128
Gril (marinades)   110
Groseille (gelée)   68

H
Haricots blancs (secs)   86, 130

Mangue (séchée)　**61**, 68
Manioc　**61**, 130
Mariner (conseil)　110
Maroc　20, 28, 30, 32, 34, 36, 38, 44, 46, 48, 50, 52, 54
Mayonnaise　108
Mélange d'herbes　122
Melon　52, 84
Menthe　**14**, 26, 46, 48, 50, 84, 98
Merlu　32, 34
Mezze　18
Miel　38, 110
Mil　60
Moutarde　44, 62, 68, 84, 92, 108, 110, 114
Mozambique　94
Mûre　136
Muscade　68, 118, 124, 126, 132, 136
Myrtille　136

N
Namibie　64, 70
Noix de coco (extrait)　**60**, 94, 108
Noix de coco (séchée, râpée)　52, 76, 128

O
Œufs　20, 22, 74, 98, 122
Oignon　24, 34, 38, 64, 72, 90, 92, 94, 96, 114, 118, 120, 122, 132
Oignon nouveau　24, 34, 90
Olive　16, 22, 28, 32, 34, 48
Orange　28, 50, 76, 110, 136

P
Pain pour toasts　122
Pangasius　34
Papaye　52, 136
Paprika　16, 120

Patate douce　**105**, 106, 116
Pâte à strudel　**14**, 20, 22
Pâte filo　**14**, 20, 22
Pêche　52, **61**, 136
Perche　118
Persil　16, 20, 22, 24, 26, 30, 34, 48, 62, 88, 90
Petits pois　48, 72, 74
Physalis (alkékenge)　136
Pignons　38, 48, 52, 108
Piment　24, 28, 34, 40, 64, 84, 88, 90, 92, 106, 108, 110, 118, 124, 128
Piment mi-fort　126
Pintade　120
Poireau　70, 126
Poire (fraîche)　38, 52, 136
Poire (séchée)　**61**, 68
Pois chiches　**14**, 16, 24, 32
Pois mange-tout　48
Poisson　32, 34, 64, 90, 118
Poivre giroflé　15

Gombos

Poivron   18, 26, 30, 34, 44, 64, 72, 84, 86, 96, 114
Pomme (fraîche)   52, 136
Pomme (séchée)   **61**, 68
Pomme de terre   20, 32, 68, 72, 74
Porc   110
Porto   68, 110
Poulet   20, 38, 66, 92, 110, 120
Prune   52, **61**, 68

R
Raisin   136
Raisin sultanine   **15**, 42, 54, 114, 120, 122
Riz   32, 38, 40, 42, 44, 46, 48, 64, 66, 70, 90, 120, 122, 124
Romarin   68, 70, 110

S
Safran   **15**, 32, 34, 38, 46, 48, 128
Sauce Worcestershire   42, 84, 110
Saumon   32
Sébaste   118
Sénégal   88, 90, 92
Sésame (graines)   **15**, 24, 84
Sésame (huile)   16
Sésame (pâte, tahina)   **15**, 16
Soja (sauce)   64, 108, 110
Sole   90
Springbok   70
Sucre   20, 28, 36, 42, 50, 52, 54, 62, 76, 84, 92, 98, 106, 108, 112, 116, 136
Sucre de canne   28, 42, 52, 62, 84, 108, 112, 116
Sucre glace   20, 50, 54, 98, 106, 136
Swaziland   132

T
Tahina (pâte de sésame)   **15**, 16

Tajine   15
Tamarin (extrait)   **105**, 124
Tanzanie   62, 86
Thon   22, 26
Thym   70, 110
Tilapia   118
Tomate   18, 26, 30, 32, 34, 46, 48, 64, 86, 90, 94, 108, 118, 120, 128, 130
Tomate (concentré)   44, 46, 110
Tomate cerise   48, 108
Tomate séchée   32, 38
Tout-épice   **15**, 42, 112, 124
Tunisie   16, 18, 22

V
Vanille   **83**, 98
Veau   110
Vermouth   136
Viande hachée   46, 122
Vin   68, 70, 110, 112
Vinaigre   110, 112, 114
Vivaneau   64
Volaille   20, 38, 42, 66, 92, 110, 120

X
Xérès   116

Y
Yogourt   16, 50, 84

Z
Zambie   66
Zimbabwe   128

Carte de l'Afrique

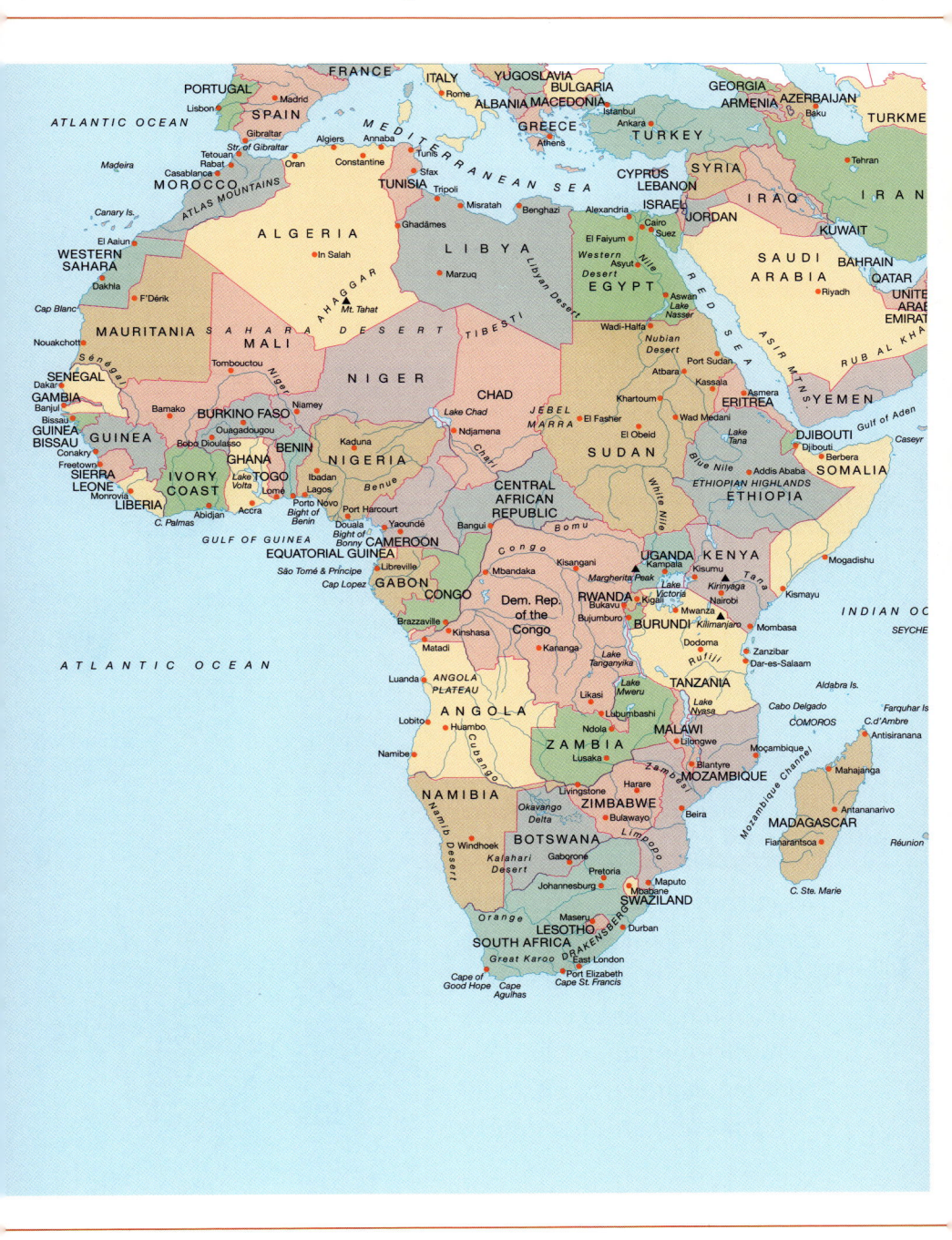

LE RAYON LIVR

Les livres de CUISINE DE SAISON ont la cote! De plus, ils sont une excellente idée de cadeau. En voici une petite sélection:

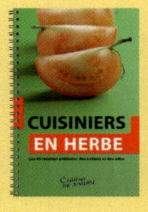

CUISINIERS EN HERBE
Le livre de cuisine cool et déjanté pour enfants et ados de 11 à 17 ans. 2e édition. Fr. 19.– pour les abonné(e)s, Fr. 27.– pour les non-abonné(e)s.

TABLES EN FÊTE
Le livre culte de tous les fêtards. Dix-huit suggestions originales pour les réceptions: drinks, snacks et buffets, pour 8 à 30 convives. Fr. 17.–

CUISINE TENDANCE ASIE

Des curries raffinés, des soupes épicées, des desserts parfumés. Un livre plein de surprises. Avec une foule de trucs et astuces vraiment pratiques. Fr. 19.– pour les abonné(e)s, Fr. 29.90 pour les non-abonné(e)s.

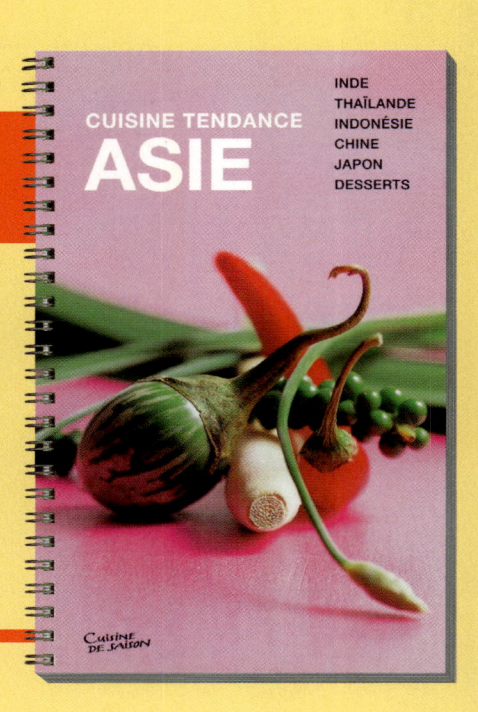

...ES DE CUISINE DE SAISON

EN PLEIN AIR
Des grillades succulentes, des amuse-bouches, des salades et des desserts pour tous ceux qui troquent volontiers leur cuisine pour le jardin. Fr. 17.–

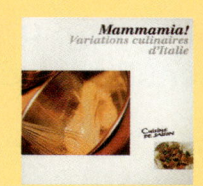

MAMMAMIA
132 pages d'art de vivre à l'italienne. Un livre qui s'adresse à tous ceux pour qui l'Italie signifie plus que pizza, pasta et polenta. Fr. 28.–

LA CUISINE LÉGÈRE
Un livre qui révolutionnera vos habitudes alimentaires. Pour une cuisine pauvre en calories mais riche en saveurs. A déguster sans modération. Fr. 17.–

CUISINE VÉGÉTARIENNE
Du menu de tous les jours au buffet de fêtes pour les invités: de délicieux mets végétariens faciles à préparer. Un plaisir pour les yeux et le palais. Fr. 17.–

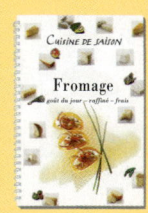

FROMAGE
De nouvelles façons de savourer le fromage, sans oublier les grands classiques. Fr. 17.–

VOLAILLE
Les mille et une façons d'apprêter la volaille au fil des saisons, sous le signe des légumes frais du marché. Fr. 17.–

À COMMANDER SANS TARDER!

CUISINE DE SAISON, Service abonnements, Case postale, 8957 Spreitenbach
par téléphone: 0848 877 777 (tarif normal), par fax: 056 417 53 37
par e-mail: saisonkueche@limmatdruck.ch ou www.saison.ch

Tous les prix s'entendent frais de port non compris. Offres dans la limite des stocks disponibles. Livraison à l'étranger sur demande.

Votre abonnement à Cuisine de Saison

- **Très avantageux:** 22 francs seulement pour 12 numéros par an, confortablement livrés à domicile.

- **Tout frais du marché:** des idées de saison pour une cuisine moderne et raffinée.

- **International:** régulièrement, des reportages sur les cuisines du monde, avec des recettes en exclusivité.

- **Pratique:** des indications précises, des astuces intéressantes et des conseils immédiats gratuits.

- **Et aussi:** de super offres à prix avantageux, ainsi que les livres de CUISINE DE SAISON à conditions préférentielles.

ABONNEZ-VOUS:

CUISINE DE SAISON, Service abonnements,
Case postale, 8957 Spreitenbach
par téléphone: 0848 877 777 (tarif normal),
par fax: 056 417 53 37
par e-mail: saisonkueche@limmatdruck.ch
ou www.saison.ch

Livraison à l'étranger sur demande.

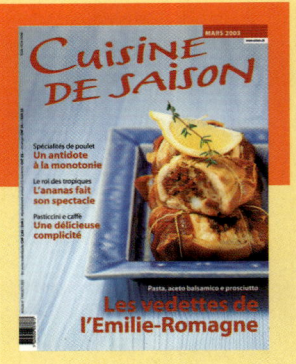

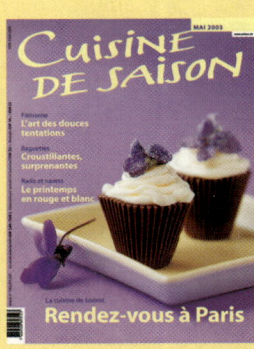

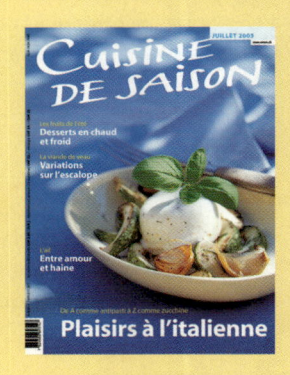

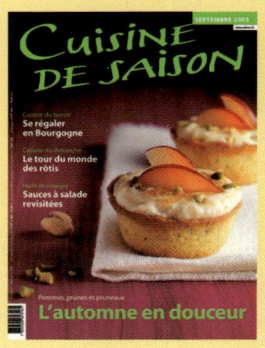